DEN ULTIMAMA KOOKBOKEN FÖR MORGONSLAG

100 muffins, frallor, kex, frukostbröd och mer

Monica Sjögren

Copyright Material ©2024

Alla rättigheter förbehållna

Ingen del av denna bok får användas eller överföras i någon form eller på något sätt utan korrekt skriftligt medgivande från utgivaren och upphovsrättsinnehavaren, förutom korta citat som används i en recension. Den här boken bör inte betraktas som en ersättning för medicinsk, juridisk eller annan professionell rådgivning.

INNEHÅLLSFÖRTECKNING

INNEHÅLLSFÖRTECKNING **3**
INTRODUKTION **6**
MUFFINS **8**
   1. MORNING GLORY MUFFINS 9
   2. PECANNÖTSPAJMUFFINS 11
   3. RÖDA VINBÄRSMUFFINS 13
   4. APELSIN-VINBÄRSMUFFINS 15
   5. BRAN MUFFINS 17
   6. ÄPPEL-GRÄDDOSTMUFFINS 19
   7. MOROT VINBÄRSMUFFINS 22
   8. LUNCHLÅDA SPENATMUFFINS 25
   9. MINI BLÅBÄRSMUFFINS MED STREUSEL 27
  10. LIMONCELLOMUFFINS 29
  11. MOCKA MUFFINS 31
  12. BLÅBÄRSMUGG MUFFIN 33
  13. BANANNÖTSMUGG MUFFIN 35
  14. HALLONMANDELMUGG MUFFIN 37
  15. MARSHMALLOW MUFFIN PUFFS 39
  16. DALGONA MUFFINS 41
  17. BLÅBÄRSAVOKADO MINIMUFFINS 43
  18. LUNCHBOX MINI ÄGGMUFFINS 45
  19. OREOMUFFINS 47
  20. OATBERRY YOGHURT MUFFINS 49
  21. PROSCIUTTO-LINDADE MINI FRITTATA MUFFINS 51
RULLAR **53**
  22. ORANGE KAFFERULLAR 54
  23. PINK LEMONADE CINNAMON R OLS 57
  24. CHOKLAD OREO KANELBULLAR 59
  25. RED VELVET CINNAMON ROLLS 62
  26. ÖVER NATTEN CARAMEL PECAN ROLLS 65
  27. POTATIS KANELBULLAR 67
  28. VISPAD GRÄDDE PECAN KANELBULLAR 70
  29. ÄPPELSÅS KANELBULLAR 72
  30. APELSIN KANELBULLAR 75
KEX **77**
  31. SÖTPOTATISBISKVIER 78
  32. KÄRNMJÖLSKEX 80
  33. PEPPERONI OCH CHEDDAR FRUKOSTKEX 82
  34. SMÄLTANDE ÖGONBLICK AV FLÄDERBLOM 84
  35. COUNTRY SKINKA KEX 86

36. KORVSÅS & KEX 88
FRUKOST BRÖD 90
37. CHAI-KRYDDAT BANANBRÖD 91
38. PUMPA SPICE BANAN BRÖD 94
39. BANANBRÖD MED KANELVIRVEL 97
40. AÇAÍ BANANBRÖD 100
41. RUSSIN SÖTT BRÖD 102
42. GLASERAT TRIPPELBÄRSBANANBRÖD 104
43. BANANBRÖD MED BLÅBÄR 106
44. TROPISKT BANANBRÖD 108
45. MANGO BANANBRÖD 111
46. BANANBRÖD FRÅN SCHWARZWALD 113
47. AMARETTO KOKOSBRÖD 116
48. BETNÖTSBRÖD 118
FRUKOSTSMÖRGÅR 120
49. MINI CAPRESE SMÖRGÅSAR 121
50. MINI KYCKLING SALLAD SMÖRGÅSAR 123
51. MINIKALKON- OCH TRANBÄRSSMÖRGÅSAR 125
52. MINI SLIDERS FÖR SKINKA OCH OST 127
53. MINI VEGGIE CLUB SMÖRGÅSAR 129
54. MINI GURKA OCH FÄRSKOST SMÖRGÅSAR 131
55. MINISMÖRGÅSAR MED RÖKT LAX OCH DILL 133
56. MINI ÄGGSALLAD SMÖRGÅSAR 135
57. MINI ROSTBIFF OCH PEPPARROTSSMÖRGÅSAR 137
58. MINI VATTENKRASSE OCH RÄDISA SMÖRGÅSAR 139
SCONES 141
59. MIMOSA SCONES 142
60. FÖDELSEDAGSTÅRTA SCONES 144
61. CAPPUCCINO SCONES 147
62. INGEFÄRA & VINBÄR SCONES 149
63. KANEL VALNÖT SCONES 151
64. LIMONCELLO SCONES 154
65. KAFFESCONES MED KANEL 156
66. KOKOS OCH ANANAS SCONES 158
67. PUMPA CRANBERRY SCONES 161
68. ROSA LEMONAD SCONES 163
69. SMÖRIGA SCONES 165
70. PASSIONSFRUKT SCONES 167
71. MINT SCONES 169
72. AMARETTO CHERRY SCONES 171
73. TOBLERONE SCONES 173
74. YUZU SCONES 175
75. PISTAGE SCONES 177

76. Havregryn kanelscones 179
77. Margarita Scones 182
78. Kokosmjölsscones med sockerglasyr 184
79. Ingefära & vinbär Scones 187

MINIATYRTÅRTOR 189

80. Körsbärskaffekaka 190
81. Mini Victoria sockerkaka 192
82. Mini citrondrickstårta 194
83. Mini Choklad Éclairs 196
84. Mini kaffe valnötstårta 198
85. Mini Afternoon Tea-kakor 200
86. Mini Morotskaka Bites 203
87. Mini Red Velvet Cakes 205

CROISSANTER 207

88. Bröd & smör croissanter med Toblerone 208
89. Toblerone croissanter 210
90. Nutella och banancroissanter 212
91. S'mores croissanter 214
92. Frukost croissant smörgåsar 217
93. Klassisk croissant med bacon, ägg och ost 219
94. Apelsin, mandelcroissant klibbiga bullar 221
95. Pistagecroissanter 223
96. Hasselnötschokladcroissanter 225
97. Halloncroissanter 227
98. Persika croissanter 229
99. Chokladtäckta jordgubbscroissanter 231
100. Pepparkakscroissanter 233

SLUTSATS 235

INTRODUKTION

Föreställ dig att vakna upp till doften av nybakade godsaker som svävar genom luften och lockar dig att börja dagen med en härlig ton. De ultimata morgongodisarna omfattar en myriad av läckerheter, allt från fluffiga muffins och flagnande frallor till smöriga kex och rejäla frukostbröd, som var och en erbjuder en explosion av smak och komfort som sätter den perfekta tonen för dagen som kommer.

Muffins, med sin mjuka konsistens och oändliga smakmöjligheter, är typiska morgonnjutningar. Oavsett om du föredrar klassiska blåbär, dekadenta chokladbitar eller salta spenat och fetaost finns det en muffins som passar alla smaklökar. Dessa handhållna läckerheter är inte bara praktiska för hektiska morgnar utan också anpassningsbara för att tillgodose kostpreferenser, som glutenfria eller veganska alternativ.

Rullar, vare sig det är kanel, apelsin eller klibbig pekannöt, lyfter morgonupplevelsen med sina ömma smulor och klibbiga fyllningar. En tugga i en varm, nybakad rulle avslöjar lager av sötma och värme, vilket gör det omöjligt att motstå att sträcka sig i sekunder. Oavsett om de avnjuts tillsammans med en rykande kopp kaffe eller som mittpunkten i en avkopplande brunch, ger semlor en touch av överseende till varje morgonrutin.

Kex, med sina flagnande lager och smöriga rikedomar, är en älskad stapelvara i både det sydländska köket och morgonmenyer. Oavsett om de kombineras med en välsmakande korvsås, översållad med honung eller fyllda med ost och örter, erbjuder kexen en härlig kombination av komfort och tillfredsställelse som gör att smaklökarna blir sugna på mer. Ingrediensernas enkelhet motsäger komplexiteten i smaker, vilket gör kex till en tidlös favorit för frukostentusiaster.

Frukostbröd, som bananbröd, zucchinibröd och pumpabröd, ger en hälsosam start på dagen med sin fuktiga konsistens och naturliga sötma. Fyllda med frukt, grönsaker och nötter är dessa bröd inte bara läckra utan också näringsrika, och ger en källa till energi och tillfredsställelse som varar långt bortom morgontimmarna. Oavsett om det avnjuts vanligt eller rostat med en klick smör, är frukostbröd ett utsökt sätt att införliva hälsosamma ingredienser i din morgonrutin.

Utöver dessa klassiker är världen av morgongodis enorm och varierad, och omfattar allt från scones och kaffekakor till croissanter och danska bakverk. Varje godbit erbjuder sin egen unika tjusning, oavsett om det är fläckigheten hos en croissant, den smuliga toppningen på en kaffekaka eller den subtila sötman hos en scones. Med oändliga möjligheter att utforska, lovar de ultimata morgongodisarna att glädja och inspirera och förvandla det vanliga till det extraordinära med varje läcker tugga.

MUFFINS

1. Morning Glory Muffins

INGREDIENSER:
- 2 koppar universalmjöl
- 1¼ kopp socker
- 2 tsk bakpulver
- 2 tsk kanel
- ½ tsk salt
- 2 dl morötter, skalade och rivna
- ½ kopp russin
- ½ kopp hackade pekannötter
- 3 ägg, vispade
- 1 kopp olja
- 1 äpple, skalat, urkärnat och strimlat
- 2 tsk vaniljextrakt

INSTRUKTIONER:
a) I en stor skål, kombinera mjöl, socker, bakpulver, kanel och salt.
b) Rör ner morötter, russin och pekannötter. I en separat skål, kombinera ägg, olja, äpple och vanilj.
c) Tillsätt äggblandningen till mjölblandningen; rör om tills precis blandat. Häll upp i smorda eller papperslädda muffinsformar, fyll ¾ fulla.
d) Grädda i 350 grader i 15 till 18 minuter, tills de är gyllene.

2.Pecannötspajmuffins

INGREDIENSER:
- 1 kopp ljust farinsocker, packat
- ½ kopp universalmjöl
- 2 ägg, vispade
- ⅔ koppar smör, smält
- 1 dl hackade pekannötter
- Valfritt: pekannötshalvor

INSTRUKTIONER:
a) I en skål, rör ihop alla ingredienser utom pekannötshalvorna. Fyll smorda minimuffinskoppar ⅔ fulla.
b) Toppa var och en med en pekannötshalva om du använder dem.
c) Grädda i 350 grader i 12 till 15 minuter, tills de är gyllene.

3.Röda vinbärsmuffins

INGREDIENSER:
- 1 kopp socker
- 2 dl röda vinbär
- 1 ½ dl universalmjöl
- ½ kopp fullkornsmjöl
- 1 msk bakpulver
- ½ kopp mjölk
- 1 ½ tsk vaniljextrakt
- ½ kopp smör, smält
- 2 ekologiska ägg, stora
- ½ tsk salt

VALFRI INGREDIENSER
- Grovt socker att strö över
- ¼ kopp strimlad mandel

INSTRUKTIONER:
a) Klä muffinsformar med foder och förvärm sedan ugnen till 375 F i förväg.
b) Vispa sedan mjölet med bakpulver, socker och salt i en medelstor till stor blandningsskål tills det är väl blandat, ställ blandningen åt sidan.
c) Vispa mjölken med smält smör, extrakt och ägg i en liten vätskemätare eller skål. Häll den här blandningen ovanpå de torra ingredienserna och fortsätt att blanda ingredienserna tills de precis blandas. Vik in vinbären, håll ½ kopp vinbär åt sidan till toppen.
d) Fyll varje muffinsform till cirka ¾ fulla med den förberedda smeten och garnera varje kopp med vinbär och socker eller mandel som har hållits åt sidan. Se till att du inte överfyller kopparna. Grädda i den förvärmda ugnen tills den blir gyllenbrun och en tandpetare kommer ut ren, i 25 till 30 minuter.

4.Apelsin-vinbärsmuffins

INGREDIENSER:
- 2 ¼ koppar universalmjöl
- ¼ kopp apelsinjuice koncentrat, fryst & tinat
- 2 tsk apelsinskal, rivet
- ¾ kopp mjölk
- 1 lätt uppvispat ägg, stort
- ½ kopp socker
- 3 tsk bakpulver
- ¼ kopp russin eller vinbär
- 1 tsk apelsinskal, rivet
- 1/3 kopp vegetabilisk olja
- 3 matskedar socker
- ¼ tesked salt

INSTRUKTIONER:
a) Klä en muffinsform av standardstorlek med muffinsfodral och förvärm sedan ugnen till 400 F.
b) Vispa mjölken med juicekoncentrat, olja, ägget och 2 tsk apelsinskal i en stor mixerskål tills det blandas väl. När det är klart, rör ner mjölet följt av ½ kopp socker, bakpulver och salt tills mjölet precis är fuktat, vänd sedan i vinbär eller russin.
c) Fördela den beredda smeten jämnt mellan muffinsformarna. Blanda 1 tsk apelsinskal och 3 msk socker sedan, strö ovanpå smeten i kopparna.
d) Grädda tills de blir ljust gyllenbruna, i 20 till 25 minuter. Ta genast ut från pannan. Servera genast och njut.

5. Bran muffins

INGREDIENSER:
- 2 koppar flingor med kli eller 1 ¼ koppar flingor
- ½ tsk vanilj
- 1 ¼ koppar universalmjöl
- ½ kopp farinsocker, packat
- 3 tsk bakpulver
- 1 ekologiskt ägg i stor storlek
- ¼ tesked mald kanel
- ¼ kopp vegetabilisk olja
- 1 1/3 dl mjölk
- ¼ tesked salt

INSTRUKTIONER:
a) Fyll var och en av muffinsformarna med en bakplåt av papper och förvärm sedan ugnen till 400 F i förväg.
b) Rulla sedan flingorna i en stor återförslutbar plastpåse med hjälp av en kavel och krossa flingorna till fina smulor.
c) Rör den krossade spannmålen med mjölk, vanilj och russin i en medelstor bunke tills det är väl blandat. Låt stå tills flingorna har mjuknat, i ett par minuter. Vispa i ägg och olja med en gaffel.
d) Rör mjölet med bakpulver, farinsocker, kanel och salt i en separat medelstor bunke tills det blandas väl. Rör ner den förberedda mjölblandningen i flingblandningen tills mjölet precis är fuktat. Dela de förberedda kopparna jämnt med smeten.
e) Grädda tills en tandpetare kommer ut ren, i 20 till 25 minuter. När det är klart, låt svalna i pannan i 5 minuter, ta ut till ett galler och låt svalna helt. Servera genast och njut.

6.Äppel-gräddostmuffins

INGREDIENSER:
FÖR STREUSEL
- 3 matskedar farinsocker, packat
- 1 msk margarin eller smör, uppmjukat
- 2 msk universalmjöl

FÖR MUFFINS
- 1/3 kopp färskost
- 1 äpple, stort, skalat och strimlat
- ¾ kopp farinsocker, packat
- ½ tsk salt
- 1 ¾ koppar universalmjöl
- ¼ kopp äppelmos
- 1 tsk bakpulver
- ½ tsk mald kanel
- 2 uppvispade ägg, stora
- 2/3 kopp olja
- 1 tsk vanilj

INSTRUKTIONER:

a) Klä 15 muffinskoppar med bakplåtspapper och förvärm sedan ugnen till 350 F i förväg. Spara cirka 1 matsked farinsocker i muffins för fyllning.

b) Kombinera sedan överblivet farinsocker med 1 ¾ koppar mjöl, bakpulver, kanel och salt med hjälp av en elektrisk mixer i en stor skål tills det blandas väl, på låg hastighet. Spara 1 matsked uppvispat ägg för fyllning. Tillsätt äppelmos, olja, överblivet ägg och vanilj till mjölblandningen. Fortsätt att vispa ingredienserna tills de är väl blandade, på medelhastighet. När det är klart, rör ner äpplet med en sked.

c) Kombinera nu färskosten med brunsockret och det reserverade ägget i en liten skål. Fyll varje muffinsform till cirka 2/3 med den förberedda smeten. Toppa var och en med 1 tesked av färskostblandningen och toppa sedan med en sked av den överblivna smeten. Kombinera alla streuselingredienserna i en liten mixerskål, strö ovanpå smeten.

d) Grädda i den förvärmda ugnen tills en tandpetare kommer ut ren, i 22 till 26 minuter. Ta bort från pannan och låt svalna något i 8 till 10 minuter.

7.Morot vinbärsmuffins

INGREDIENSER:
- 1/3 kopp packat farinsocker
- ¼ kopp vanlig grekisk yoghurt
- 1 dl gammaldags havregryn
- ½ tesked bakpulver
- 1 matsked vinäger
- ¼ tesked kryddpeppar
- 1 kopp universalmjöl
- ¼ kopp fullkornsmjöl eller vitt fullkornsmjöl
- 1 tsk bakpulver
- ¾ kopp mejerifri mjölk eller vanlig mjölk
- 1 tsk mald kanel
- 1/8 tsk mald muskotnöt
- ¼ kopp osötad äppelmos
- 1 ekologiskt ägg, stort
- ¼ tesked vanilj
- 1/3 kopp vinbär
- 1 dl morötter, rivna eller rivna
- ½ kopp bakande valnötter, hackade
- ¼ kopp smör, smält och lite kylt
- ¼ tesked salt

INSTRUKTIONER:

a) Kombinera havre med mjölk, yoghurt och vinäger i en stor mixerskål, rör om ordentligt i ingredienserna och låt stå tills havren mjuknat, i en timme.

b) Belägg sedan en non-stick muffinsform lätt med smör och förvärm sedan ugnen till 375 F i förväg.

c) Kombinera mjöl med kryddpeppar, bakpulver, muskotnöt, bakpulver, kanel och salt i en separat medelstor blandningsskål.

d) Rör ägg med vanilj, äppelmos, farinsocker, smör, vinbär och morötter i skålen med havreblandningen, fortsätt att blanda ingredienserna med en gaffel tills de är väl integrerade.

e) Vispa ihop de torra ingredienserna och sikta långsamt ner den beredda mjölblandningen i morotsblandningen med hjälp av en sil eller en sikt. När det är klart, rör ingredienserna ordentligt med en gaffel tills de precis är blandade.

f) När det är klart, vänd omedelbart ner valnötterna.
g) Fyll den förberedda muffinsformen ca ¾ full med den förberedda smeten.
h) Grädda i den förvärmda ugnen tills en tandpetare kommer ut ren, i 15 till 20 minuter. Ställ åt sidan på ett galler för att svalna helt. Servera och njut.

8.Lunchlåda Spenatmuffins

INGREDIENSER:
- 2 koppar universalmjöl
- 1 msk bakpulver
- ½ tsk salt
- ½ tsk vitlökspulver
- ¼ tesked svartpeppar
- 2 dl färsk spenat, hackad
- 1 dl mjölk
- ¼ kopp osaltat smör, smält
- 2 ägg
- 1 dl riven cheddarost

INSTRUKTIONER:
a) Värm ugnen till 375°F (190°C) och klä en muffinsform med pappersfoder eller smörj den.
b) I en stor skål, vispa ihop mjöl, bakpulver, salt, vitlökspulver och svartpeppar.
c) Blanda den hackade spenaten, mjölken, det smälta smöret och äggen i en mixer eller matberedare tills den är slät.
d) Häll spenatblandningen i skålen med de torra ingredienserna och rör om tills det precis blandat sig.
e) Rör ner den rivna cheddarosten.
f) Fördela smeten jämnt mellan muffinsformarna.
g) Grädda i 15-18 minuter, eller tills en tandpetare som sticks in i mitten av en muffins kommer ut ren.
h) Låt muffinsen svalna innan du packar ner dem i matlådan.

9. Mini blåbärsmuffins med Streusel

INGREDIENSER:
FÖR MUFFINS:
- ¾ tesked xantangummi
- 1 dl blåbär, färska
- ¾ tesked bakpulver
- ½ kopp socker
- 1 ½ koppar allround rismjölsblandning, glutenfri
- ½ tsk glutenfritt bakpulver
- 2 ekologiska ägg, stora
- ¼ kopp smält kokosolja
- ½ tsk mald kanel
- 1 dl mandelmjölk
- ¼ tesked salt

FÖR STREUSEL:
- 2 matskedar universal rismjölsblandning, glutenfri
- ¼ kopp havre, glutenfri
- 1 tsk vatten
- ¼ kopp valnötter, hackade
- 1 msk kokosolja
- 1/3 kopp ljust farinsocker

INSTRUKTIONER:
a) Belägg 24 minimuffinskoppar lätt med matlagningssprayen och förvärm sedan ugnen till 350 F i förväg.
b) Kombinera sedan alla streuselingredienserna i en medelstor blandningsskål tills den är väl blandad, ställ blandningen åt sidan.
c) Kombinera 1 ½ dl mjölblandning med bakpulver, xantangummi, bakpulver, kanel och salt i en stor blandningsskål, vispa väl med en visp. Tillsätt de överblivna ingredienserna och vänd till sist ner de färska blåbären. Fyll muffinsformarna jämnt med den förberedda smeten. Toppa varje kopp med en tesked streusel.
d) Grädda i den förvärmda ugnen tills en tandpetare kommer ut ren, i 20 till 25 minuter. Lägg över till ett galler och låt svalna i 10 minuter, servera och njut.

10. Limoncellomuffins

INGREDIENSER:
- 2 koppar universalmjöl
- ½ kopp socker
- 1 msk bakpulver
- ¼ tesked salt
- ½ kopp smält smör
- ¾ kopp mjölk
- ¼ kopp Limoncello likör
- 2 stora ägg
- Skal av 2 citroner

INSTRUKTIONER:
a) Värm ugnen till 375°F (190°C) och klä en muffinsform med pappersfoder.
b) I en stor skål, kombinera mjöl, socker, bakpulver och salt.
c) I en annan skål, vispa ihop det smälta smöret, mjölken, limoncello, ägg och citronskal.
d) Häll de blöta ingredienserna i de torra ingredienserna och rör om tills det precis blandas.
e) Fördela smeten jämnt mellan muffinsformarna, fyll varje muffinsform till cirka ¾.
f) Grädda i 18-20 minuter eller tills en tandpetare som sticks in i mitten kommer ut ren.
g) Låt muffinsen svalna i pannan i några minuter och lägg sedan över dem på ett galler för att svalna helt.

11. Mocka muffins

INGREDIENSER:
- 2 koppar universalmjöl
- ¾ koppar plus 1 msk socker
- 2½ teskedar bakpulver
- 1 tsk kanel
- ½ tsk salt
- 1 dl mjölk
- 2 matskedar plus ½ teskedar snabbkaffegranulat, uppdelat
- ½ kopp smör, smält
- 1 ägg, uppvispat
- 1½ tsk vaniljextrakt, uppdelat
- 1 kopp mini halvsöt chokladchips, uppdelad
- ½ kopp färskost, uppmjukad

INSTRUKTIONER:
a) Vispa ihop mjöl, socker, bakpulver, kanel och salt i en stor skål.
b) Rör ihop mjölk och 2 msk kaffegranulat i en separat skål tills kaffet är upplöst.
c) Tillsätt smör, ägg och en tesked vanilj; blanda väl. Rör ner de torra ingredienserna tills det precis blivit fuktigt. Vik i ¾ kopp chokladchips.
d) Fyll smorda eller pappersklädda muffinsformar ⅔ fulla. Grädda i 375 grader i 17 till 20 minuter. Kyl i 5 minuter innan du tar bort den från formarna till galler.
e) Kombinera färskost och resterande kaffegranulat, vanilj och chokladchips i en matberedare eller mixer. Täck över och bearbeta tills det är väl blandat.
f) Servera kylt pålägg vid sidan av.

12. Blåbärsmugg Muffin

INGREDIENSER:
- 4 matskedar universalmjöl
- 2 matskedar strösocker
- ⅛ tesked bakpulver
- Nypa salt
- 3 matskedar mjölk
- 1 matsked vegetabilisk olja
- ¼ tesked vaniljextrakt
- En handfull färska eller frysta blåbär

INSTRUKTIONER:
a) I en mikrovågssäker mugg, kombinera allsidigt mjöl, strösocker, bakpulver och en nypa salt. Blanda väl för att kombinera.
b) Tillsätt mjölk, vegetabilisk olja och vaniljextrakt i muggen. Rör om tills smeten är slät och inga klumpar kvarstår.
c) Vänd försiktigt ner de färska eller frysta blåbären i smeten, fördela dem jämnt.
d) Ställ in muggen i mikron och koka på hög effekt i ca 1-2 minuter, eller tills muffinsen har jäst och stelnat i mitten. Den exakta tillagningstiden kan variera beroende på effekten på din mikrovågsugn, så håll ett öga på den.
e) Ta försiktigt ut muggen från mikrovågsugnen (den kan vara varm) och låt muffinsen svalna i en eller två minuter innan du njuter av den.
f) Du kan äta muffinsen direkt från muggen eller använda en sked för att överföra den till en tallrik eller skål.
g) Eventuellt kan du pudra toppen av muffinsen med strösocker eller ringla över den med en glasyr gjord av strösocker och lite mjölk för extra sötma.
h) Njut av din hemgjorda blåbärsmuffin direkt medan den fortfarande är varm och god!

13. Banannötsmugg Muffin

INGREDIENSER:
- 4 matskedar universalmjöl
- 2 matskedar strösocker
- ¼ tesked bakpulver
- Nypa salt
- ½ mogen banan, mosad
- 2 msk mjölk
- 1 matsked vegetabilisk olja
- 1 matsked hackade valnötter (valfritt)

INSTRUKTIONER:
a) Blanda mjöl, socker, bakpulver och salt i en mikrovågssäker mugg.
b) Tillsätt den mosade bananen, mjölken och vegetabilisk olja och rör om tills det är väl blandat. Vänd ner de hackade valnötterna.
c) Mikrovågsugn på hög effekt i 1-2 minuter eller tills muffinsen är genomstekt.

14. Hallonmandelmugg Muffin

INGREDIENSER:
- 4 matskedar universalmjöl
- 2 matskedar strösocker
- ¼ tesked bakpulver
- Nypa salt
- 2 msk mjölk
- 1 matsked vegetabilisk olja
- ¼ tesked mandelextrakt
- En handfull färska eller frysta hallon
- Skivad mandel till topping

INSTRUKTIONER:
a) Blanda mjöl, socker, bakpulver och salt i en mikrovågssäker mugg.
b) Tillsätt mjölk, vegetabilisk olja och mandelextrakt och rör om tills det är väl blandat.
c) Vänd försiktigt ner hallonen. Mikrovågsugn på hög effekt i 1-2 minuter eller tills muffinsen är genomstekt.
d) Strö över skivad mandel.

15. Marshmallow Muffin Puffs

INGREDIENSER:
- 1 rör halvmåne rullar
- 8 marshmallows
- 3 msk smör, smält
- 3 matskedar socker
- 1 tsk kanel

INSTRUKTIONER:
a) Värm ugnen till 375 grader F. Smörj 8 muffinskoppar.
b) Smält smöret i en liten skål.
c) I en annan liten skål, kombinera kanel och socker.
d) Rulla marshmallow i smält smör; rulla sedan i en kanel-sockerblandning. Linda in i en halvmånerullstriangel, var noga med att täta.
e) Lägg dem i en förberedd panna. Grädda i 8-10 minuter tills de är gyllenbruna.

16.Dalgona muffins

INGREDIENSER:
- 2 koppar universalmjöl
- ½ kopp socker
- 1 msk bakpulver
- ½ tsk salt
- 1 dl mjölk
- ½ kopp vegetabilisk olja
- 2 ägg
- 2 msk snabbkaffe
- 2 matskedar varmt vatten

INSTRUKTIONER:
a) Värm ugnen till 375°F (190°C) och klä en muffinsform med pappersfoder.
b) I en mixerskål, kombinera mjöl, socker, bakpulver och salt.
c) I en separat skål, vispa ihop mjölk, vegetabilisk olja och ägg.
d) Tillsätt gradvis de våta ingredienserna till de torra ingredienserna, rör om tills de precis blandas.
e) I en liten skål, vispa ihop snabbkaffe och varmt vatten tills det skummar.
f) Vänd försiktigt ner kaffeskummet i smeten.
g) Fyll varje muffinsform till cirka ¾ med smeten.
h) Grädda i 18-20 minuter eller tills en tandpetare som sticks in i mitten kommer ut ren.
i) Låt muffinsen svalna innan servering.
j) Njut av de härliga Dalgona-muffinsen som frukost eller mellanmål!

17.Blåbärsavokado minimuffins

INGREDIENSER:
- 1 kopp universalmjöl
- ½ kopp havre
- ½ kopp socker
- 1 ½ tsk bakpulver
- ¼ tesked salt
- 1 mogen avokado, mosad
- ½ kopp mjölk
- 1 stort ägg
- 1 tsk vaniljextrakt
- 1 dl färska eller frysta blåbär

INSTRUKTIONER:
a) Värm ugnen till 375°F (190°C) och klä en minimuffinsform med pappersfoder eller smörj den.
b) I en stor skål, vispa ihop mjöl, havre, socker, bakpulver och salt.
c) Blanda den mosade avokadon, mjölken, ägget och vaniljextraktet i en separat skål.
d) Tillsätt de våta ingredienserna till de torra ingredienserna och rör om tills det precis blandas.
e) Vänd försiktigt ner blåbären.
f) Häll smeten i minimuffinsformarna, fyll varje cirka tre fjärdedelar fulla.
g) Grädda i 12-15 minuter, eller tills en tandpetare som sticks in i mitten av en muffins kommer ut ren.
h) Låt minimuffinsen svalna innan du packar ner dem i matlådan.

18.Lunchbox Mini äggmuffins

INGREDIENSER:
- 6 ägg
- ¼ kopp mjölk
- ½ dl riven cheddarost
- ¼ kopp tärnade grönsaker (paprika, spenat, svamp, etc.)
- Salta och peppra efter smak

INSTRUKTIONER:
a) Värm ugnen till 350°F (175°C) och smörj en minimuffinsform.
b) Vispa ihop ägg, mjölk, salt och peppar i en skål.
c) Rör ner osten och tärnade grönsaker.
d) Häll blandningen i den förberedda muffinsformen, fyll varje kopp ungefär två tredjedelar full.
e) Grädda i 12-15 minuter eller tills muffinsen stelnat och lätt gyllene.
f) Låt dem svalna innan du packar ner dem i matlådan.

19. Oreomuffins

INGREDIENSER:
- 1¾ kopp universalmjöl
- ½ kopp socker
- 1 msk bakpulver
- ½ tsk salt
- ¾ kopp mjölk
- ⅓ kopp gräddfil
- 1 ägg
- ¼ kopp margarin, smält
- 20 Oreo choklad smörgås kakor, grovt

INSTRUKTIONER:
a) I en medelstor skål, kombinera mjöl, socker, bakpulver och salt och ställ åt sidan.
b) I en liten skål, kombinera mjölk, gräddfil och ägg och rör ner i mjölblandningen med margarin tills det precis blandas.
c) Rör försiktigt i kakor.
d) Häll smeten i 12 smorda 2½-tums muffinsformar.
e) Grädda vid 400F i 20 till 25 minuter.
f) Ta bort från pannan och svalna på galler. Servera varm eller kall.

20. Oatberry Yoghurt Muffins

INGREDIENSER:
- 2¼ koppar havremjöl
- 1 msk bakpulver
- ¾ tesked salt
- ½ kopp torrt sötningsmedel
- ⅔ kopp osötad växtbaserad mjölk
- ½ kopp osötad äppelmos
- ½ kopp osötad vanlig sojayoghurt
- 2 tsk rent vaniljextrakt
- 1¼ kopp bär (som blåbär, hallon eller björnbär), halverade

INSTRUKTIONER:
a) Värm ugnen till 350°F. Fodra en 12-kopps muffinsform med silikonfoder eller ha redo en nonstick- eller silikonmuffinsform (se rekommendationer).
b) Sikta samman mjöl, bakpulver, salt och torrt sötningsmedel i en medelstor skål. Gör en brunn i mitten och häll i växtbaserad mjölk, äppelmos, yoghurt och vanilj. Rör ihop de blöta ingredienserna i brunnen. Blanda sedan de våta och torra ingredienserna bara tills de torra ingredienserna är fuktade (mixa inte för mycket). Vänd ner bären.
c) Fyll varje muffinskopp ¾ av vägen och grädda i 22 till 26 minuter. En kniv som sticks in genom mitten ska komma ut ren.
d) Låt muffinsen svalna helt, i cirka 20 minuter, kör sedan försiktigt en kniv runt kanterna på varje muffins för att ta bort.

21. Prosciutto-lindade Mini Frittata Muffins

INGREDIENSER:

- 4 matskedar fett
- ½ medelstor lök, fint tärnad
- 3 vitlöksklyftor, hackade
- ½ pund cremini-svamp, tunt skivad
- ½ pund fryst spenat, tinad och pressad torr
- 8 stora ägg
- ¼ kopp kokosmjölk
- 2 matskedar kokosmjöl
- 1 kopp körsbärstomater, halverade
- 5 uns Prosciutto di Parma
- Kosher salt
- Nymalen peppar
- En vanlig 12-kopps muffinsform

INSTRUKTIONER:

a) Värm ugnen till 375°F.
b) Värm hälften av kokosoljan på medelvärme i en stor gjutjärnspanna och fräs löken tills den är mjuk och genomskinlig
c) Tillsätt vitlök och champinjoner och koka dem tills svampens fukt har avdunstat. Krydda sedan fyllningen med salt och peppar och lägg den på en tallrik för att svalna till rumstemperatur
d) Till smeten, vispa äggen i en stor skål med kokosmjölk, kokosmjöl, salt och peppar tills de är väl blandade. Tillsätt sedan den sauterade svampen och spenaten och rör om för att kombinera.
e) Pensla resten av den smälta kokosoljan på muffinsformen och klä varje kopp med prosciutto, var noga med att täcka botten och sidorna helt.
f) Ställ in muffinsen i ugnen i ca 20 minuter.

RULLAR

22.Orange kafferullar

INGREDIENSER:
- 1 kuvert aktiv torrjäst
- ¼ kopp varmt vatten
- 1 dl socker, delat
- 2 ägg, vispade
- ½ kopp gräddfil
- ¼ kopp plus 2 msk smör, smält och delat
- 1 tsk salt
- 2¾ till 3 koppar universalmjöl
- 1 dl flingad kokos, rostad och delad
- 2 msk apelsinskal

GLASYR:
- ¾ koppar socker
- ½ kopp gräddfil
- ¼ kopp smör
- 2 tsk apelsinjuice

INSTRUKTIONER:
a) Kombinera jäst och varmt vatten (110 till 115 grader) i en stor skål; låt stå i 5 minuter. Tillsätt ¼ kopp socker, ägg, gräddfil, ¼ kopp smör och salt; vispa på medelhastighet med en elektrisk mixer tills det blandas.

b) Rör gradvis i tillräckligt med mjöl för att göra en mjuk deg. Vänd ut degen på en väl mjölad yta; knåda tills det är slätt och elastiskt (ca 5 minuter).

c) Lägg i en väl smord skål, vänd till en fett topp. Täck och låt jäsa på en varm plats (85 grader), fri från drag, i 1½ timme eller tills den är dubbelt så stor.

d) Slå ner degen och dela den på mitten. Rulla en del av degen till en 12-tums cirkel; pensla med en matsked smält smör.

e) Kombinera återstående socker, kokos och apelsinskal; strö hälften av kokosblandningen över degen. Skär i 12 klyftor; rulla ihop varje kil, med början vid en bred ände.

f) Placera i en smord 13"x9" bakform, med sidan nedåt. Upprepa med den återstående degen, smöret och kokosblandningen.

g) Täck och låt jäsa på en varm plats, fri från drag, i 45 minuter eller tills den fördubblats i bulk. Grädda i 350 grader i 25 till 30 minuter, tills de är gyllene. (Täck med aluminiumfolie efter 15 minuter för att förhindra överdriven brunfärgning, om det behövs.) Sked varm glasyr över varma rullar; strö över resterande kokos.

GLASYR:

h) Blanda alla ingredienser i en liten kastrull; koka upp. Koka i 3 minuter, rör om då och då.

i) Låt svalna något.

23. Pink Lemonade Cinnamon r ols

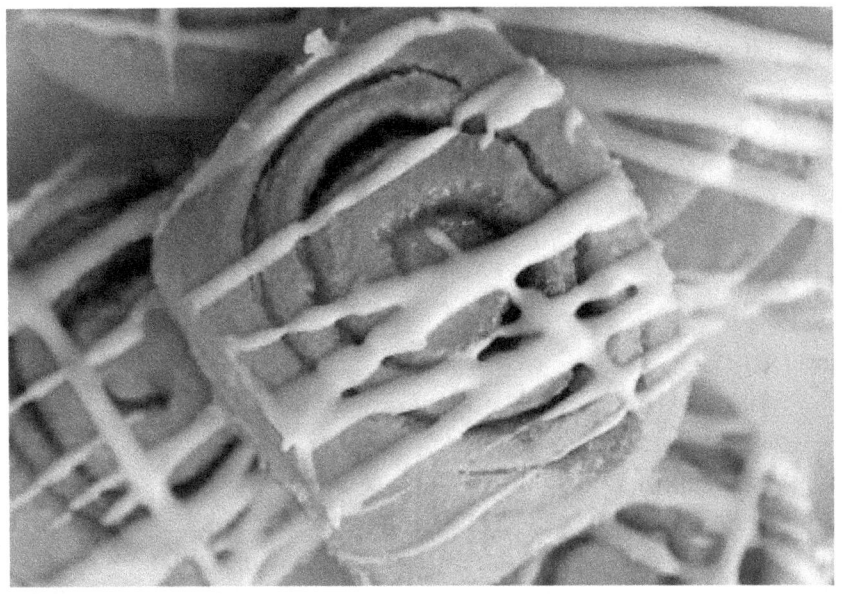

INGREDIENSER:

- 375 ml rosa lemonad
- 300 ml grädde
- 4 dl självjäsande mjöl
- 50 g smör smält
- ¼ kopp socker
- 1 tsk mald kanel
- ½ kopp vanligt mjöl att täcka
- ½ citron saftad
- 2 dl florsocker

INSTRUKTIONER:

a) Häll självjäsande mjöl i en stor skål, häll i grädde och rosa lemonad och blanda tills det blandas.
b) Vänd upp på mjölat bord.
c) Knåda lätt och tryck eller kavla ut till en stor rektangel ca 1 cm tjock.
d) Pensla med smält smör och strö över socker och kanel.
e) Rulla från kanten till mitten för att göra två stockar. Klipp ner mitten för att göra två stockar.
f) Skär i 1 cm rundor.
g) Grädda i 220C i 10 minuter.
h) Blanda florsockret med citronsaft. Ringla över rullar.

24. Choklad Oreo kanelbullar

INGREDIENSER:
KANELRULLDEG
- ¼ kopp varmt vatten
- 2 msk farinsocker
- 2¼ teskedar snabbjäst
- 2 ¾ koppar universalmjöl
- 2 matskedar strösocker
- ½ tsk salt
- 3 matskedar osaltat smör, smält
- ½ dl valfri mjölk
- 1 stort ägg

OREO KANELRULL CHOKLADFYLLNING
- ¼ kopp kakaopulver
- ⅔ kopp valfri mjölk
- 1 ½ dl mörk chokladchips
- 3 matskedar osaltat smör
- 24 Oreos, krossade
- 1 nypa havssalt
- Gräddostglasyr

INSTRUKTIONER:
DEG
a) I en liten skål, vispa ihop varmt vatten, farinsocker och jäst.
b) Täck med en ren kökshandduk och ställ åt sidan för att aktivera. Du kommer att veta att din jäst aktiveras när små bubblor dyker upp på ytan av blandningen.
c) I en separat stor mixerskål, rör ihop mjöl, socker, salt, smör, mjölk och ägg.
d) När din jäst har aktiverats, tillsätt den i den stora blandningsskålen med de andra ingredienserna och rör om tills den smälter samman.
e) Täck en ren, plan yta med mjöl och använd mjöltäckta händer för att knåda degen i 3 minuter. Din deg blir klibbig, fortsätt att tillsätta mjöl till händerna och ytan efter behov.
f) Lägg tillbaka degen i skålen och täck den med en ren kökshandduk för att jäsa i cirka tio minuter.

FYLLNING

g) Tillsätt mjölk, kakaopulver, mörk chokladchips och smör i en stor, mikrovågssäker skål. Mikrovågsugn på hög temperatur i 1,5-2 minuter tills chokladbitarna har smält. Vispa tills den är slät. Tillsätt en nypa salt.

h) Krossa dina Oreos i en matberedare tills det är fint damm.

i) När din deg har fördubblats i storlek, tillsätt mer mjöl på ytan och använd en mjölad kavel för att kavla ut degen till en rektangulär form, ungefär 9 x 12 tum.

j) Häll din Oreo-chokladfyllning på degen och använd en spatel för att fördela den jämnt över ytan, lämna ungefär en ½ tums marginal på alla sidor. Strö de krossade Oreos ovanpå i ett tjockt lager.

k) Arbeta från den kortare sidan, använd två händer för att börja hårt rulla bort degen från dig tills du har en cylinder, cirka 12 tum lång.

l) Skiva din cylinder i 6 lika delar, cirka 2 tum breda för att skapa 6 individuella kanelrullar.

m) Lägg till dina kanelbullar i en 11,5-tums fyrkantig ugnsform, lämna ungefär en tum mellan varje rulle.

n) Täck med en ren kökshandduk och låt rullarna vila i cirka 90 minuter eller tills de har dubbelt så stora.

o) Värm ugnen till 375°F och grädda i 25-30 minuter tills topparna på dina rullar är gyllenbruna.

p) Låt dina Oreo Cinnamon Rolls svalna i cirka 10 minuter innan du tillsätter glasyren. Njut av!

25. Red Velvet Cinnamon Rolls

INGREDIENSER:
TILL KANELrullarna
- 4½ teskedar torr jäst
- 2-½ koppar varmt vatten
- 15,25 uns Box av Red Velvet kakmix
- 1 tsk vaniljextrakt
- 1 tsk salt
- 5 koppar universalmjöl

FÖR KANELSOCKERBLANDNING
- 2 koppar packat farinsocker
- 4 msk mald kanel
- ⅔ kopp smör mjukat

FÖR KRÄMOSTGRISTEN
- 16 uns vardera färskost, mjukad
- ½ kopp smör mjukat
- 2 koppar strösocker
- 1 tsk vaniljextrakt

INSTRUKTIONER:

a) Blanda jästen och vattnet i en stor blandningsskål tills det löst sig.
b) Tillsätt kakmixen, vanilj, salt och mjöl. Blanda väl - degen blir lite kladdig.
c) Täck skålen tätt med plastfolie. Låt degen jäsa i en timme. Stansa ner degen och låt den jäsa igen i ytterligare 45 minuter.
d) På en lätt mjölad yta rullar du degen till en stor rektangel som är cirka ¼-tums tjock. Fördela smöret jämnt över degen.
e) I en medelstor skål, kombinera farinsocker och kanel. Strö farinsockerblandningen över smöret.
f) Rulla ihop som en jellyroll, börja på långsidan. Skär i 24 lika stora bitar.
g) Smörj två 9x13-tums bakformar. Ordna kanelrulleskivorna i formarna. Täck över och låt jäsa på en varm plats tills den har dubbelt så stor storlek.
h) Värm ugnen till 350°F.
i) Grädda i 15-20 minuter eller tills den är genomstekt.
j) Medan kanelbullarna gräddas, förbered färskostglasyren genom att grädda färskosten och smöret i en medelstor mixerskål tills de är krämiga. Blanda i vaniljen. Tillsätt florsockret gradvis.

26.Över natten Caramel Pecan Rolls

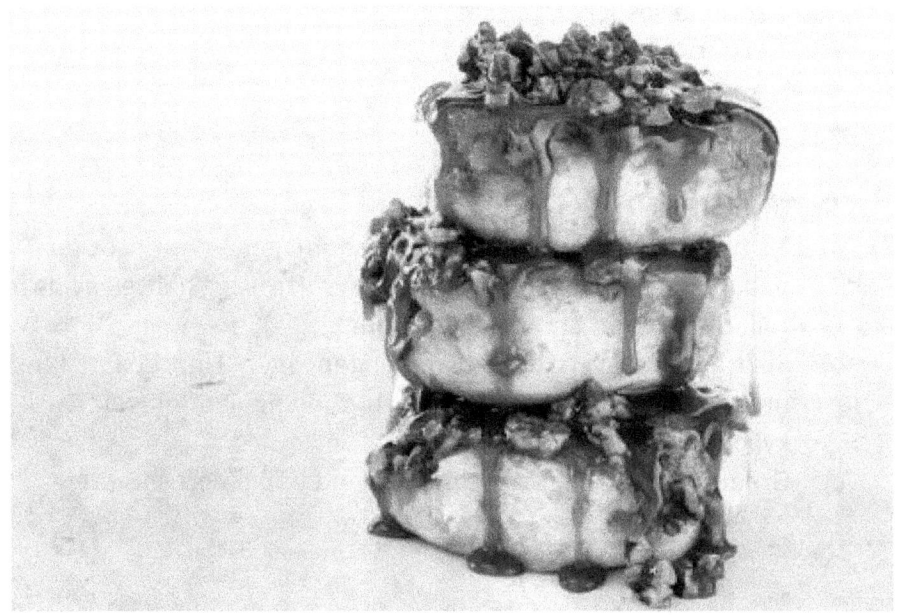

INGREDIENSER:
- 23,4-ounce paket med instant butterscotch pudding mix
- 1 kopp farinsocker, packat
- 1 dl hackade pekannötter
- ½ kopp kylt smör
- 36 frysta semlor, uppdelade

INSTRUKTIONER:
a) Kombinera torra puddingblandningar, farinsocker och pekannötter i en skål. Skär i smör; avsätta. Lägg hälften av de frysta rullarna i en lätt smord Bundt-panna.
b) Strö hälften av puddingblandningen över. Upprepa skiktningen med de återstående rullarna och puddingblandningen. Täck löst; kyl över natten.
c) Grädda i 350 grader i en timme. Vänd upp på ett serveringsfat.

27.Potatis kanelbullar

INGREDIENSER:
- 1 pund potatis, kokt och mosad
- 2 koppar mjölk
- 1 kopp smör
- 1 kopp Plus 2 tsk socker
- ¾ tesked kardemongfrön
- 1 tsk salt
- 2 förpackningar torrjäst
- ½ kopp varmt vatten
- 8½ kopp mjöl, osiktat
- 2 ägg
- 2 tsk Vanilj

KANELFYLLNING
- ¾ kopp socker
- ¾ kopp Farinsocker
- 2 tsk kanel

NÖTGLASUR
- 3 koppar pulveriserat socker
- ½ kopp hackade nötter
- ¼ tesked kanel
- 2 tsk smör
- 4 till 5 teskedar vatten

INSTRUKTIONER:

a) Blanda potatis och mjölk till en slät smet. Tillsätt ½ dl smör, 1 dl socker och salt. Värm till ljummet.
b) Kombinera jäst, vatten och de återstående 2 tsk socker i en stor skål. Låt stå tills det skummar.
c) Tillsätt potatisblandning, 4 dl mjöl, ägg och vanilj.
d) Vispa tills slät. Rör gradvis i ytterligare 3½ till 4 koppar mjöl. Vänd upp degen på ett kraftigt mjölat bord och knåda tills den är slät och elastisk i 15 minuter.
e) Tillsätt mer mjöl om det behövs. Låt jäsa i 1 ½ timme.
f) Slå ner, knåda för att ta bort bubblor. Dela upp. Smält resten av smöret. Rulla varje del av deg till en 5x18 rektangel. Pensla med 3 tsk smör och strö över hälften av kanelfyllningen.
g) Rulla upp. Skär i 12 bitar, 1 ½" breda. Lägg i en 9x13" panna, pensla med smör och låt jäsa 35-40 minuter. Grädda i 350 grader i 30 minuter.

28.Vispad grädde pecan kanelbullar

INGREDIENSER:
- 1 dl vispgrädde
- 1½ koppar universalmjöl
- 4 tsk Bakpulver
- ¾ tesked salt
- 2 msk Smör eller margarin, smält
- Kanel och socker
- ½ kopp ljust farinsocker
- ½ kopp pekannötter, hackade
- 2 msk vispgrädde, eller evaporerad mjölk

INSTRUKTIONER:

a) Vispa grädden i en medelstor skål tills det bildas mjuka toppar. Blanda försiktigt i mjöl, bakpulver och salt tills en deg bildas. På ett lätt mjölat bord, knåda 10 till 12 gånger. Kavla ut till en 1/4" tjock rektangel.

b) Bred ut det smälta smöret över hela ytan. Strö över kanel och socker, den mängd du föredrar. Rulla ihop som en gelérulle: Börjar i den långa änden. Skär i ¾-tums segment. Placera på en smord plåt och grädda vid 425F i 10-15 minuter, eller tills de är väldigt lättbruna.

c) Blanda farinsocker, pekannötter och 2 matskedar vispgrädde i en liten skål tills det är väl blandat. Ta ut rullarna från ugnen. Bred ut toppingen på varje rulle. Återgå till ugnen och grädda tills toppingen börjar bubbla i cirka 5 minuter.

29. Äppelsås kanelbullar

INGREDIENSER:
- 1 ägg
- 4 koppar universalmjöl
- 1 paket aktiv torrjäst
- ¾ kopp äppelmos
- ½ dl lättmjölk
- 2 matskedar strösocker
- 2 msk smör
- ½ tsk salt

FYLLNING:
- ¼ kopp äppelmos
- ⅓ kopp strösocker
- 2 tsk mald kanel
- 1 dl konditorsocker
- ½ tesked vaniljextrakt
- 1 msk lättmjölk

INSTRUKTIONER:
a) Värm ugnen till 375 grader F. Spraya två 8-eller 9-tums runda kastruller med matlagningsspray.
b) I en stor mixerskål, kombinera 1½ c. universalmjöl och jästen. I en liten kastrull kombinera ¾ c. Motts naturliga äppelmos, lättmjölk, 2 msk socker, smör och salt. Värm över medelvärme och rör om bara tills det är varmt vid 120 grader F.
c) Vänd ut degen på en lätt mjölad yta. Knåda in tillräckligt med kvarvarande mjöl, upp till ¼ c., för att göra en lagom mjuk deg som är smidig och elastisk.
d) Forma degen till en boll. Lägg degen i en skål sprejad lätt med matlagningsspray
e) Slå ner degen och vänd ut den på en lätt mjölad yta. Täck över och låt vila i 10 minuter. På en lätt mjölad yta, rulla degen till en 12-tums fyrkant. Bred ut ¼ c. Motts naturliga äppelmos. Kombinera ⅓ c. socker och kanel; strö över degen.
f) Ordna 6 rullar, med skurna sidan nedåt, i varje form. Täck över och låt jäsa på en varm plats tills nästan fördubblats, cirka 30 minuter.
g) Grädda i 20 till 25 minuter eller tills de är gyllene. Kyl i 5 min. Vänd upp på ett serveringsfat. Ringla över en blandning av konditorsocker, vanilj och lättmjölk. Servera varm.

30.Apelsin kanelbullar

INGREDIENSER:
- 1 pund fryst bröddeg; tinat
- 3 matskedar Mjöl
- 2 matskedar socker
- 1 tsk kanel
- ½ kopp pulveriserat socker
- ½ tsk Rivet apelsinskal
- 3 tsk apelsinjuice
- Vegetabilisk oljespray

INSTRUKTIONER:
a) Värm ugnen till 375°. Rulla tinad bröddeg på en lätt mjölad yta till en 12x8" rektangel.
b) Spraya generöst degen med vegetabilisk oljespray. Blanda socker med kanel och strö jämnt över degen. Rulla degen, börja med den långa änden.
c) Försegla skarven och skiva degen i 12 bitar, 1" vardera.
d) Spraya lätt en 9" rund bakplåt med matlagningsspray. Lägg degbitarna i formen, håll skarven nedåt mot botten av formen.
e) Spraya toppen med lite matlagningsspray; täck och låt jäsa på en varm plats tills nästan dubbelt så stor, ca 30 minuter.
f) Grädda rullarna i 20-25 minuter tills de fått lite färg. Kyl något och ta bort från pannan.
g) Medan rullarna svalnar, förbered glasyren genom att röra ihop strösocker, apelsinskal och juice.
h) Ringla över rullen och servera varm.

KEX

31.Sötpotatisbiskvier

INGREDIENSER:
- 2 dl självjäsande mjöl
- 1 matsked strösocker
- ½ tsk grädde av tandsten
- ⅛ tesked kosher salt
- ½ kopp (1 pinne) kallt osaltat smör, strimlat (med en osthyvel), plus mer för att toppa de kokta kexen
- ½ dl mosad sötpotatis
- ¾ kopp kärnmjölk, kall
- Vegetabilisk olja, för smörjning

INSTRUKTIONER
a) Värm ugnen till 400 grader F.
b) Kombinera mjöl, socker, grädde av tartar och salt i en stor mixerskål eller skålen med en stavmixer. Sikta eller vispa ingredienserna tills de är väl blandade. Tillsätt smör och potatismos och blanda på medelhastighet, med hjälp av en handhållen eller stående mixer, i cirka 2 minuter. Börja sakta hälla i kärnmjölken med mixern på medelhastighet. Blanda tills det är inkorporerat.
c) När degen har bildats, ta bort den från bunken och platta ut den lite (se till att den är cirka 1,5 cm tjock) på en lätt mjölad yta med hjälp av en kavel. Skär degen i 10 eller 12 bitar.
d) Olja lätt en 9 x 13-tums bakform och lägg kexen i formen, lämna ett litet utrymme mellan varje kex. Ställ kexen i kylen i 10 minuter för att få degen kall och fin.
e) Ta ut från kylen och grädda kexen i 12 till 15 minuter, eller tills de börjar få färg. När de är klara, pensla smör ovanpå kexen medan de fortfarande är varma. Servera och njut!

32.Kärnmjölskex

INGREDIENSER:
- 2 koppar universalmjöl
- 2 tsk bakpulver
- 1/2 tsk bakpulver
- 1/2 tsk salt
- 1/2 kopp kallt osaltat smör, i tärningar
- 3/4 kopp kärnmjölk
- 2 msk smält smör (för pensling)

INSTRUKTIONER:
a) Värm ugnen till 450°F (230°C). Klä en plåt med bakplåtspapper.
b) I en stor skål, vispa ihop mjöl, bakpulver, bakpulver och salt.
c) Tillsätt det kalla smöret i tärningar till mjölblandningen. Använd fingrarna eller en konditorivaror för att skära smöret i mjölet tills blandningen liknar grova smulor.
d) Gör en brunn i mitten av blandningen och häll i kärnmjölken. Rör tills det precis blandat sig. Var försiktig så att du inte överblandar.
e) Vänd ut degen på en lätt mjölad yta. Knåda degen försiktigt några gånger för att få ihop den.
f) Kavla ut degen till en 1/2-tums tjocklek. Använd en rund kexskärare för att skära ut kex och lägg dem på den förberedda bakplåten.
g) Pensla topparna på kexen med smält smör.
h) Grädda i 10-12 minuter, eller tills kexen är gyllenbruna.
i) Ta ut ur ugnen och låt dem svalna några minuter innan servering.

33.Pepperoni och Cheddar frukostkex

INGREDIENSER:
- 2 koppar kexmix (köpt i butik eller hemgjord)
- ⅔ kopp mjölk
- ½ kopp tärnad pepperoni
- ½ dl riven cheddarost

INSTRUKTIONER:
a) Värm ugnen enligt anvisningarna för kexblandningen.
b) I en skål, kombinera kexmix, mjölk, tärnad pepperoni och strimlad cheddarost.
c) Lägg skedar av degen på ett bakplåtspapper.
d) Grädda enligt anvisningarna för kexmixen tills kexen är gyllenbruna.

34. Smältande ögonblick av fläderblom

INGREDIENSER:

FÖR KEXEN:
- 200 g mjukt smör
- ¾ kopp florsocker
- ½ tesked bakpulver
- 1 kopp majsmjöl
- 1 kopp vanligt mjöl

FÖR GLASSEN:
- 2 tsk mjukt smör
- 1 tsk fläderblomssirap (Monin)
- 1 kopp florsocker

INSTRUKTIONER:
a) Värm din ugn till 180°C.
b) Grädda ihop det mjuka smöret och florsockret i en mixerskål tills blandningen blir blek.
c) Sikta vanligt mjöl, majsmjöl och bakpulver och blanda sedan dessa torra ingredienser i den gräddade smör-sockerblandningen.
d) Rulla degen till små bollar och lägg dem på en smord ugnsform. Tryck försiktigt varje boll med pinnarna på en gaffel.
e) Grädda kexen i 15-20 minuter eller tills de blir något gyllene.
f) Medan kexen gräddas, förbered glasyren. Blanda det mjuka smöret med fläderblomssirapen. Sikta florsockret och tillsätt det i smör-sirapsblandningen. Tillsätt bara tillräckligt med kokande vatten för att göra en slät pasta.
g) När kexen är gräddade och svalnat, bred glasyren på hälften av dem.
h) Toppa varje iced kex med en annan kex för att skapa en smörgås.
i) Det här receptet ger 12 läckra fläderblomsmältande ögonblick. Njut av!

35.Country skinka kex

INGREDIENSER:
- 2 dl självjäsande mjöl
- ½ kopp plus 3 matskedar smör, delat
- 1 dl kokt skinka, mald
- 1½ dl riven skarp cheddarost
- ¾ koppar plus 2 matskedar kärnmjölk

INSTRUKTIONER:
a) Tillsätt mjöl i en skål. Skär i ½ kopp smör med en konditor eller gaffel tills blandningen liknar grova smulor. Rör ner skinka och ost.
b) Tillsätt kärnmjölk; rör om med en gaffel tills en fuktig deg bildas.
c) Släpp degen genom att hopa teskedar på en lätt smord bakplåt.
d) Grädda i 450 grader i 10 till 13 minuter, tills de är lätt gyllene.
e) Smält resterande smör och pensla över varma kex.

36.Korvsås & kex

INGREDIENSER:
- ½ kopp universalmjöl
- 2 pund. mald fläskkorv, brynt och avrunnen
- 4 koppar mjölk
- salt och peppar efter smak

KEX:
- 4 dl självjäsande mjöl
- 3 matskedar bakpulver
- 2 msk socker
- 7 matskedar matfett
- 2 dl kärnmjölk

INSTRUKTIONER:
a) I en medelstor kastrull på medelvärme, strö mjöl i med korv, rör om tills mjölet är upplöst.
b) Rör ner mjölken gradvis och koka på medelvärme tills den blir tjock och bubblig. Krydda med salt och peppar; servera över varma kex.

KEX:
c) Sikta samman mjöl, bakpulver och socker; skära i matfett.
d) Blanda i kärnmjölk med en gaffel, bara tills degen är fuktad.
e) Forma degen till en boll och knåda några gånger på lätt mjölat underlag.
f) Kavla ut till ¾-tums tjocklek och skär med en 3-tums kexfräs.
g) Lägg kexen på en smord plåt.
h) Grädda i 450 grader i ca 15 minuter eller tills de är gyllene.

FRUKOST BRÖD

37. Chai-kryddat bananbröd

INGREDIENSER:
- 1 pinne (½ kopp) osaltat smör, mjukat
- 1 kopp strösocker
- 2 stora ägg, i rumstemperatur
- 1½ koppar universalmjöl, uppmätt och jämnat med en kniv
- 1 tsk bakpulver
- ¾ tesked mald kardemumma
- ¾ tesked kanel
- ¼ tesked mald ingefära
- ¼ tesked kryddpeppar
- ¾ tesked salt
- 1 kopp mosade mycket mogna bananer (motsvarande 2-3 bananer)
- ½ kopp gräddfil
- 1 tsk vaniljextrakt
- ½ kopp hackade valnötter (valfritt)

INSTRUKTIONER:
a) Förvärm ugnen till 350 ° F (175 ° C) och smörj generöst en 9 x 5-tums brödform med non-stick-spray.
b) I en stor skål eller med hjälp av en elektrisk mixer med paddel, vispa det mjuka smöret och sockret tills blandningen blir ljus och fluffig. Detta bör ta cirka 2 minuter. Tillsätt äggen ett i taget, se till att de blandas ordentligt efter varje tillsats. Glöm inte att skrapa ner skålens sidor vid behov.
c) I en separat medelstor skål, vispa ihop mjöl, bakpulver, kardemumma, kanel, ingefära, kryddpeppar och salt. Tillsätt denna torra blandning till smörblandningen och vispa försiktigt tills den precis blandas.
d) Tillsätt sedan de mosade bananerna, gräddfilen och vaniljextraktet, blanda på låg hastighet tills ingredienserna är helt integrerade. Om du använder valnötter, vik ner dem försiktigt i smeten.
e) Häll den förberedda smeten i den smorda brödformen. Grädda i den förvärmda ugnen tills brödet blir djupt gyllenbrunt och en

kakprovare som satts in i mitten kommer ut ren. Detta tar vanligtvis cirka 60-70 minuter.
f) Låt brödet vila i formen i cirka 10 minuter innan du överför det till ett galler för att svalna helt. För den bästa upplevelsen kan du njuta av detta bananbröd medan det fortfarande är varmt från ugnen, eller rosta det för en härlig njutning.
g) Detta bananbröd kan frysas i upp till 3 månader. När den har svalnat helt, slå in den ordentligt i aluminiumfolie, frysfolie eller lägg den i en fryspåse. När du är redo att njuta av den igen, tina den helt enkelt över natten i kylen innan servering.

38.Pumpa Spice Banan Bröd

INGREDIENSER:
FÖR BRÖDET:
- 2 övermogna bananer
- ¾ kopp strösocker
- ½ kopp vegetabilisk olja
- 2 stora ägg
- ½ tsk salt
- 1 tsk vaniljextrakt
- 1 tsk bakpulver
- 1 ½ tsk pumpapajkrydda
- 7 matskedar surmjölk
- 2 koppar (248 g) universalmjöl

FÖR GLASYREN:
- 1 ¾ koppar strösocker
- ¼ tesked salt
- 1 tsk pumpapajkrydda
- 1 ½ tsk vaniljextrakt
- 2-3 matskedar kraftig vispgrädde

INSTRUKTIONER:
a) Värm ugnen till 350°F (175°C). Smörj en 9x5-tums eller 8x4-tums brödform med matfett eller smör och belägg den med socker. För att täcka med socker, smörj pannan först och tillsätt sedan ca 2 matskedar socker i pannan.
b) Luta pannan från sida till sida tills botten och sidorna är jämnt belagda med socker. Ersätt inte matlagningsspray med smör. Du kan använda enbart matlagningsspray om du föredrar att hoppa över sockringssteget.
c) Mosa bananerna i en stor skål med en gaffel eller potatisstöt. Rör i vegetabilisk olja, strösocker och ägg med en träslev eller spatel. Ställ blandningen åt sidan.
d) Tillsätt pumpapajkrydda, salt, bakpulver och vaniljextrakt till bananblandningen och rör om tills det är väl blandat.
e) Blanda i all-purpose mjöl och surmjölk, rör om tills precis införlivats. Häll smeten i den förberedda pannan.

f) Grädda i den förvärmda ugnen i 45-60 minuter eller tills en tandpetare som sticks in i mitten kommer ut ren. Kanterna kommer att ha en fin mörkbrun färg, och det kommer att finnas en spricka i mitten. Det breda utbudet av tillagningstid beror på variationer i ugnsprestanda. Se till att du använder en metallpanna, inte glas.
g) Låt brödet svalna helt i pannan innan du tar bort det och frostar.

FÖR FROSTNING:
h) I en medelstor skål, vispa ihop strösocker, pumpapajkrydda och salt.
i) Vispa i vaniljextraktet och 1 matsked kraftig vispgrädde, tillsätt mer grädde efter behov för att uppnå önskad konsistens (upp till 3 matskedar).
j) Frosta bananbrödet och kyl det för att stelna. Förvara det frostade brödet i en lufttät behållare i upp till 3 dagar eller skiva och frys i upp till 1 månad. Njut av!

39.Bananbröd med kanelvirvel

INGREDIENSER:
FÖR BRÖDET:
- ½ kopp osaltat smör, mjukat (115 gram)
- ½ kopp strösocker (100 gram)
- ¼ kopp ljust farinsocker (50 gram)
- 2 stora ägg, i rumstemperatur
- 1 tsk rent vaniljextrakt
- 2 koppar mosade bananer (440 gram; ca 4 stora bananer)
- 2 koppar universalmjöl, sked och jämnt (250 gram)
- 1 tsk bakpulver
- ½ tesked bakpulver
- 1 tsk mald kanel
- ½ tsk salt

KANELSOCKERSVIRL:
- ¼ kopp strösocker (50 gram)
- 2 tsk mald kanel

INSTRUKTIONER:
a) Värm ugnen till 350°F (180°C). Smörj en 9x5-tums brödform med nonstick-spray, klä den med bakplåtspapper och ställ den åt sidan.
b) I en stor skål, med hjälp av en handhållen mixer eller en ställmixer utrustad med paddeltillbehöret, vispa ihop det mjuka smöret, strösockret och farinsockret tills blandningen blir ljus och fluffig, vilket bör ta cirka 3 till 4 minuter.
c) Tillsätt äggen och vaniljextraktet, blanda noggrant efter varje tillsats. Tillsätt sedan de mosade bananerna i blandningen.
d) I en separat blandningsskål, vispa ihop all-purpose mjöl, bakpulver, bakpulver, salt och malen kanel.
e) Kombinera de torra ingredienserna med de våta ingredienserna, var försiktig så att du inte överblandar smeten.
f) För att skapa kanelsockervirveln, blanda strösockret och malen kanel i en separat skål.
g) För ett enda lager kanelsocker, häll ungefär hälften av bananbrödssmeten i brödformen, strö över kanelsockerblandningen och häll sedan resten av smeten ovanpå.

h) För ett dubbelt lager kanelsocker, häll cirka en tredjedel av smeten i brödformen, strö hälften av kanelsockerblandningen ovanpå och upprepa lagren, avsluta med den sista tredjedelen av smeten.
i) Grädda i 55 till 65 minuter eller tills en tandpetare som sticks in i mitten kommer ut ren. Om bananbrödet börjar bli för mörkt, täck det med aluminiumfolie under de sista 15 till 20 minuterna av gräddningen.
j) När det är gräddat, ta bort bananbrödet från ugnen och låt det svalna i brödformen i 10 minuter. Efteråt, överför den till ett galler för att avsluta kylningen.

40. Açaí bananbröd

INGREDIENSER:
- Acai puré
- ½ kopp veganskt smör
- 1 kopp veganskt socker
- 3 extra stora mogna bananer
- 2 Äggersättningsekvivalenter
- ½ tsk vanilj
- ½ tesked citronsaft
- 1 ½ kopp oblekt mjöl
- 1 ½ msk varmt vatten

INSTRUKTIONER:
a) Värm ugnen till 350 grader.
b) För att förbereda, smöra en vanlig brödform, mosa bananerna tills de är jämna med några bitar och separera äggvitor och gulor i två olika skålar.
c) Rör ihop smör och socker i en stor skål. Tillsätt bananer, äggulor, vanilj, citronsaft och bakpulver och blanda noggrant och rör sedan i mjöl tills det precis blandas.
d) Vispa äggvitorna hårt och vänd sedan försiktigt ner i smeten tills det blandas. Rör till sist i varmt vatten.
e) Häll hälften av smeten i brödformen, lägg i Açaí-paketet för att göra ett mellanlager, häll sedan resterande smet för att fylla.
f) Använd ett träspett eller annan liknande formad anordning och rör försiktigt om smeten i en cirkulär rörelse för att få Açaí att snurra.
g) Grädda i cirka 45 minuter eller tills en tandpetare i mitten kommer ut ren.
h) Låt svalna i 15 minuter eller så och servera.

41. Russin sött bröd

INGREDIENSER:
- ½ dl smör, mjukat
- ½ kopp matfett
- 2¼ kopp socker, delat
- 3 ägg, vispade
- 2 tsk vaniljextrakt
- 2 kuvert med aktiv torrjäst
- 1 kopp varmt vatten
- 8 koppar universalmjöl
- ½ tsk salt
- 2 dl varm mjölk
- 16-ounce paket russin
- ½ kopp smör, smält

INSTRUKTIONER:
a) Blanda smör och matfett i en mycket stor skål. Tillsätt gradvis 2 dl socker, ägg och vanilj, vispa ordentligt efter varje tillsats.
b) Kombinera jäst och varmt vatten (110 till 115 grader) i en kopp; låt stå i 5 minuter.
c) Vispa ihop mjöl och salt. Med en stor träslev rör du gradvis ner mjöl och salt i smörblandningen växelvis med jästblandningen och varm mjölk.
d) Blanda väl; rör ner russin. Vänd ut degen på en mjölad yta.
e) Knåda, tillsätt ytterligare mjöl tills degen är smidig och elastisk.
f) Lägg tillbaka degen i skålen. Spraya lätt degen med non-stick grönsaksspray; täck med vaxpapper och en kökshandduk. Låt jäsa i 6 till 8 timmar eller över natten, tills den är dubbelt så stor.
g) Slå ner; dela i 6 lika delar och lägg i 6 smorda 9"x5" brödformar. Täck och låt jäsa igen tills den är rundad, 4 till 6 timmar.
h) Ringla smält smör över bröden; strö varje bröd med 2 tsk återstående socker.
i) Grädda i 350 grader i 30 minuter, eller tills en tandpetare i mitten kommer ut ren. Kyl på galler.

42.Glaserat trippelbärsbananbröd

INGREDIENSER:
FÖR BANANBRÖDET:
- 6 matskedar osaltat smör, smält och något kylt
- 2 koppar universalmjöl
- ¾ kopp socker
- ¾ tesked bakpulver
- ½ tsk salt
- 2 stora ägg
- 1 ½ dl mosade mogna bananer (ca 4 medelstora bananer)
- ¼ kopp vanlig grekisk yoghurt
- 1 tsk vaniljextrakt
- 2 dl blandade blåbär, hallon och björnbär, uppdelade

FÖR CITRONGLASÄREN:
- Saft av en halv citron (ca 3 matskedar)
- ½ kopp strösocker (eller mer om du vill ha en tjockare glasyr)

INSTRUKTIONER:
a) Värm ugnen till 350°F (175°C). Smörj en 9x5-tums brödform.
b) I en stor skål, kombinera mjöl, socker, bakpulver och salt.
c) I en separat skål, kombinera ägg, mosade bananer, yoghurt och smält (något kylt) smör, tillsammans med vaniljen. Vispa tills den är slät.
d) Gör en brunn i mitten av mjölblandningen och häll i bananblandningen. Rör försiktigt tills det precis blandas, var försiktig så att du inte överblandar.
e) Vänd försiktigt i 1 ½ koppar av de blandade bären, reservera ½ kopp för topping.
f) Häll smeten i den förberedda brödformen. Strö över resten av bären, tryck försiktigt ner dem i smeten.
g) Grädda tills limpan är gyllenbrun och en tandpetare som sticks in i mitten kommer ut ren, vilket bör ta cirka 1 timme till 1 timme och 15 minuter.
h) Låt brödet svalna i formen i 5 minuter och vänd sedan försiktigt upp det på ett galler. Låt det svalna helt innan du skär.

FÖR CITRONGLASUREN,
i) Vispa ihop citronsaft och strösocker till en jämn smet.
j) Ringla denna glasyr över toppen av brödet precis innan servering.

43. Bananbröd med blåbär

INGREDIENSER:
- 2 koppar universalmjöl
- 1 tsk bakpulver
- 4 mogna bananer
- 1 stort ägg
- 1 tsk vaniljextrakt
- ½ kopp socker
- ½ kopp osaltat smör (1 pinne), smält
- 1 tsk kanel (valfritt)
- 1 dl färska blåbär

INSTRUKTIONER:
a) Värm ugnen till 350°F (175°C).
b) I en medelstor skål, kombinera allsidigt mjöl och bakpulver. Ställ denna blandning åt sidan.
c) Mosa de mogna bananerna i en stor skål med en gaffel. Tillsätt det stora ägget och vaniljextraktet och blanda dem väl.
d) Tillsätt sockret och det smälta smöret i bananblandningen. Om så önskas, tillsätt kanel i detta skede.
e) Tillsätt gradvis mjölblandningen till bananblandningen, rör om tills den precis blandas.
f) Vänd försiktigt ner de färska blåbären i smeten.
g) Spraya en brödform med olja eller smörj den och häll sedan smeten i formen.
h) Grädda i 350°F (175°C) i 65-75 minuter eller tills brödet blir gyllenbrunt.
i) Skäm bort dig åt detta förtjusande blåbärsinfunderade bananbröd, där kombinationen av mogna bananer och saftiga blåbär skapar en perfekt harmoni av smaker. Njut av!

44.Tropiskt bananbröd

INGREDIENSER:
BRÖD:
- 1 ½ dl oblekt universalmjöl
- 2 tsk bakpulver
- 1 nypa salt
- 14 uns burk krossad ananas
- 3 ägg
- 1 ¼ koppar socker
- 1 tsk vaniljextrakt
- ½ kopp osaltat smör, smält och kylt
- 1 kopp mycket mogna bananer, mosade med en gaffel
- 2 msk limejuice
- ½ kopp osötad riven kokos

SIRAP:
- ½ kopp socker
- ¼ kopp limejuice
- ½ kopp osötad riven kokos, lätt rostad

INSTRUKTIONER:
FÖR BRÖDET:
a) Värm ugnen till 350°F (180°C). Smörj två brödformar på 10 x 4 tum (25 x 10 cm) med sex koppar (1,5 liter) och fodra var och en med ett ark bakplåtspapper, så att det hänger över båda sidorna.
b) I en skål, kombinera mjöl, bakpulver och salt. Ställ denna torra blandning åt sidan.
c) Låt ananasen rinna av med en sil, pressa den med en slev för att få ut så mycket vätska som möjligt. Ställ den avrunna ananasen åt sidan och reservera juicen för annan användning.
d) I en annan skål, använd en elektrisk mixer för att vispa ägg, socker och vanilj tills blandningen fördubblas i volym och faller i band från vispen, vilket bör ta cirka 10 minuter. Rör ner det smälta smöret.
e) Tillsätt de mosade bananerna och limesaften, rör om tills blandningen blir slät. Rör ner de torra ingredienserna, riven kokos och den avrunna ananasen.
f) Fördela smeten jämnt i de förberedda formarna. Grädda i cirka 40 minuter eller tills en tandpetare i mitten av bröden kommer ut ren.

g) Låt bröden svalna på galler.

FÖR SIRAPEN:

h) Koka upp sockret och limesaften i en liten kastrull. Sjud i ca 2 minuter eller tills sockret löst sig helt.

i) Rör ner den lätt rostade rivna kokosen.

j) Häll sirapen över de varma kakorna och låt dra i 30 minuter.

k) Njut av smaken av tropikerna med detta tropiska bananbröd! Det är en bit av paradiset i varje tugga.

45. Mango Bananbröd

INGREDIENSER:

- 1 kopp socker
- ½ kopp osaltat smör, i rumstemperatur
- 2 stora ägg
- 2 mogna bananer
- ½ mogen mango, i tärningar
- 1 msk mjölk
- 1 tsk mald kanel
- 2 dl mjöl
- 1 tsk bakpulver
- 1 tsk bakpulver
- 1 tsk salt
- ¾ tesked vaniljextrakt

INSTRUKTIONER:

a) Värm ugnen till 325 grader Fahrenheit (163 grader Celsius). Smörj eller fodra en brödform.
b) I en stor mixerskål, grädda ihop sockret och rumstempererat smör tills blandningen blir ljus och fluffig.
c) Tillsätt äggen ett i taget, vispa ordentligt efter varje tillsats.
d) Mosa de mogna bananerna i en liten skål med en gaffel.
e) Blanda i mjölken, malen kanel och vaniljextrakt i de mosade bananerna tills de är väl blandade.
f) Vänd försiktigt ner mangon i tärningar i bananblandningen. Ställ denna blandning åt sidan.
g) Blanda mjöl, bakpulver, bakpulver och salt i en annan skål.
h) Tillsätt banan-mangoblandningen till den gräddade socker- och smörblandningen och rör tills allt är kombinerat.
i) Tillsätt till sist de torra ingredienserna och rör tills en jämn smet bildats.
j) Häll smeten i den förberedda brödformen och jämna till toppen.
k) Grädda i cirka 65-75 minuter eller tills en tandpetare i mitten kommer ut ren.
l) Låt mangobananbrödet svalna på en plåt innan du tar bort det från ugnsformen för att undvika sprickor på toppen.

46.Bananbröd från Schwarzwald

INGREDIENSER:
FÖR BANANBRÖDET:
- 3 mogna bananer, mosade
- ½ kopp osaltat smör, smält
- 1 kopp strösocker
- 2 stora ägg
- 1 tsk vaniljextrakt
- 1 ½ dl universalmjöl
- ¼ kopp kakaopulver
- 1 tsk bakpulver
- ½ tsk salt
- ½ kopp halvsöt chokladchips

FÖR SVARTSKOGEN TOPPING:
- 1 dl färska körsbär, urkärnade och halverade
- ¼ kopp strösocker
- ¼ kopp vatten
- 1 msk majsstärkelse
- Vispad grädde (till servering, valfritt)

INSTRUKTIONER:
a) Värm ugnen till 350°F (175°C). Smörj och mjöla en 9x5-tums brödform.
b) Mosa de mogna bananerna i en bunke med en gaffel tills de är jämna.
c) I en separat stor skål, vispa ihop det smälta smöret och strösockret tills det är väl blandat.
d) Tillsätt äggen och vaniljextraktet i smör-sockerblandningen och vispa till en slät smet.
e) I en annan skål, sikta ihop allsidigt mjöl, kakaopulver, bakpulver och salt.
f) Tillsätt gradvis de torra ingredienserna till de våta ingredienserna, rör om tills de precis blandas. Blanda inte för mycket.
g) Vänd försiktigt ner de halvsöta chokladbitarna.
h) Häll bananbrödssmeten i den förberedda brödformen.
i) Grädda i den förvärmda ugnen i 60-70 minuter eller tills en tandpetare som sticks in i mitten kommer ut ren.

j) Medan bananbrödet bakas, förbered Schwarzwald-pålägget. I en kastrull, kombinera de urkärnade och halverade körsbären, strösocker och vatten. Låt sjuda på medelvärme.

k) I en liten skål, blanda majsstärkelsen med en matsked vatten för att skapa en slurry. Tillsätt denna uppslamning till den sjudande körsbärsblandningen och rör om tills såsen tjocknar. Ta bort från värmen och låt det svalna.

l) När bananbrödet är färdigbakat, ta ut det från ugnen och låt det svalna i formen i cirka 10 minuter innan du överför det till ett galler för att svalna helt.

m) När bananbrödet har svalnat, ös ner Schwarzwald-körsbärstoppningen över limpan.

n) Alternativt kan du servera skivor av Schwarzwalds bananbröd med en klick vispgrädde.

47.Amaretto kokosbröd

INGREDIENSER
- 4 uns tofu
- 1 kopp socker
- ¼ kopp Amaretto
- 14 fluid ounce kokosmjölk
- 2½ kopp mjöl
- ½ tsk salt
- 1 msk Bakpulver
- 1 kopp osötade kokosflingor

INSTRUKTIONER
a) Värm ugnen till 350 F. Smörj en 9" x 5" x 3" brödform.
b) Mixa tofu och socker noggrant i en elektrisk mixer eller genom att mosa dem i en stor mixerskål med det redskap du väljer. :-)
c) Blanda Amaretto och kokosmjölk till tofun tills det är väl blandat.
d) Sikta under tiden ihop mjöl, salt och bakpulver. Häll i kokosflingor, tillsätt sedan torra ingredienser till den flytande blandningen och blanda noggrant.
e) Häll smeten i den förberedda brödformen. Grädda tills det är klart, ca 50 minuter.
f) Kyl något innan du tar ur pannan.

48.Betnötsbröd

INGREDIENSER:

- ¾ kopp Förkortning
- 1 kopp socker
- 4 ägg
- 2 tsk Vanilj
- 2 koppar strimlade rödbetor
- 3 koppar mjöl
- 2 tsk Bakpulver
- 1 tsk bakpulver
- ½ tesked kanel
- ¼ tsk Malen muskotnöt
- 1 kopp hackade nötter

INSTRUKTIONER:

a) Vispa matfett och socker ljust och pösigt. Blanda i ägg och vanilj. Rör ner rödbetor.
b) Tillsätt kombinerade torra ingredienser; blanda väl. Rör ner nötter.
c) Häll i en smord och mjölad 9x5" brödform.
d) Grädda vid 350'F. i 60-70 minuter eller tills trätandpetaren som satts in i mitten kommer ut ren.
e) Kyl i 10 minuter; ta bort från pannan.

FRUKOSTSMÖRGÅR

49.Mini Caprese smörgåsar

INGREDIENSER:
- 12 minisliderbullar eller middagsrullar
- 12 skivor färsk mozzarellaost
- 2 tomater, skivade
- Färska basilikablad
- Balsamico glasyr
- Salta och peppra efter smak

INSTRUKTIONER:
a) Dela minisliderbullarna eller middagsrullarna på mitten horisontellt.
b) Lägg en skiva mozzarellaost, en skiva tomat och några basilikablad på den nedre halvan av varje bulle.
c) Ringla över balsamicoglasyr och smaka av med salt och peppar.
d) Lägg den övre halvan av bullen på fyllningarna.
e) Säkra minismörgåsarna med tandpetare om så önskas.
f) Servera och njut av dessa uppfriskande Caprese-mackor.

50.Mini kyckling sallad smörgåsar

INGREDIENSER:

- 12 mini croissanter eller små frallor
- 2 dl tillagat kycklingbröst, strimlat eller tärnat
- ½ kopp majonnäs
- 1 msk dijonsenap
- ¼ kopp selleri, finhackad
- 2 salladslökar, tunt skivade
- Salta och peppra efter smak

INSTRUKTIONER:

a) Blanda det strimlade eller tärnade kycklingbröstet, majonnäs, dijonsenap, selleri och salladslök i en skål tills det är väl kombinerat.
b) Krydda med salt och peppar efter smak.
c) Dela minicroissanterna eller frallorna på mitten horisontellt.
d) Häll en rejäl mängd av kycklingsalladen på den nedre halvan av varje croissant eller rulle.
e) Lägg den övre halvan av croissanten eller rulla på fyllningen.
f) Säkra minismörgåsarna med tandpetare om så önskas.
g) Servera och njut av dessa smakrika kycklingsalladsmackor.

51.Minikalkon- och tranbärssmörgåsar

INGREDIENSER:
- 12 mini middagsfrallor eller små frallor
- 12 skivor kalkonbröst
- ½ kopp tranbärssås
- Handfull babyspenat eller ruccolablad
- ¼ kopp färskost
- Salta och peppra efter smak

INSTRUKTIONER:
a) Dela middagsrullarna eller semlarna på mitten horisontellt.
b) Bred färskost på den nedre halvan av varje rulle.
c) Varva skivat kalkonbröst, en sked tranbärssås och några babyspenat eller ruccolablad ovanpå färskosten.
d) Krydda med salt och peppar efter smak.
e) Lägg den övre halvan av rullen på fyllningarna.
f) Säkra minismörgåsarna med tandpetare om så önskas.

52.Mini Sliders för skinka och ost

INGREDIENSER:
- 12 minisliderbullar eller middagsrullar
- 12 skivor skinka
- 12 skivor ost (som cheddar, schweizisk eller provolone)
- 2 msk dijonsenap
- 2 msk majonnäs
- 2 msk smör, smält
- ½ tsk vitlökspulver
- ½ tsk vallmofrön (valfritt)

INSTRUKTIONER:
a) Värm ugnen till 350°F (175°C).
b) Skär skjutbullarna eller middagsrullarna på mitten horisontellt.
c) Bred dijonsenap på den nedre halvan av varje bulle och majonnäs på den övre halvan.
d) Varva skivad skinka och ost på den nedre halvan av varje bulle.
e) Lägg den övre halvan av bullen på fyllningarna för att skapa smörgåsar.
f) Lägg smörgåsarna i en ugnsform.
g) Blanda smält smör med vitlökspulver i en liten skål. Pensla blandningen över smörgåsarnas toppar.
h) Strö vallmofrön över smörgåsarna om så önskas.
i) Täck ugnsformen med folie och grädda i 10-15 minuter eller tills osten smält och bullarna är lätt rostade.
j) Servera dessa varma och ostliknande skink- och ostskivor.

53.Mini Veggie Club smörgåsar

INGREDIENSER:

- 12 mini pitabockar eller små frallor
- ½ kopp hummus
- 12 skivor gurka
- 12 skivor tomat
- 12 skivor avokado
- En handfull sallad eller groddar
- Salta och peppra efter smak

INSTRUKTIONER:

a) Dela mini pitabrödfickorna eller semlor på mitten horisontellt.
b) Bred ut hummus på den nedre halvan av varje ficka eller rulle.
c) Varva gurkskivor, tomatskivor, avokadoskivor och sallad eller groddar ovanpå hummusen.
d) Krydda med salt och peppar efter smak.
e) Placera den övre halvan av fickan eller rulla på fyllningarna.
f) Säkra minismörgåsarna med tandpetare om så önskas.
g) Servera och njut av dessa smakrika vegoklubbsmörgåsar.

54. Mini gurka och färskost smörgåsar

INGREDIENSER:
- 12 skivor minicocktailbröd eller fingermackor
- 4 uns (½ kopp) färskost, mjukad
- 1 liten gurka, tunt skivad
- Färska dillkvistar
- Salta och peppra efter smak

INSTRUKTIONER:
a) Bred ut ett tunt lager av mjukgjord färskost på varje skiva cocktailbröd.
b) Lägg den tunt skivade gurkan på hälften av brödskivorna.
c) Krydda med salt och peppar efter smak.
d) Toppa med färska dillkvistar.
e) Lägg de återstående brödskivorna ovanpå för att göra minismörgåsar.
f) Putsa skorpor om så önskas och skär i små fyrkanter eller rektanglar.

55.Minismörgåsar med rökt lax och dill

INGREDIENSER:
- 12 skivor minicocktailbröd eller fingermackor
- 4 uns rökt lax
- 4 uns färskost, mjukad
- Färsk dill, till garnering
- Citronklyftor, till servering

INSTRUKTIONER:
a) Bred mjukgräddost på varje skiva cocktailbröd.
b) Lägg en skiva rökt lax på hälften av brödskivorna.
c) Garnera med färsk dill.
d) Pressa lite citronsaft över laxen om så önskas.
e) Toppa med de återstående brödskivorna för att skapa minismörgåsar.
f) Putsa kanterna och skär i små trianglar eller fyrkanter.

56.Mini äggsallad smörgåsar

INGREDIENSER:
- 12 skivor minicocktailbröd eller fingermackor
- 4 hårdkokta ägg, hackade
- 2 msk majonnäs
- 1 tsk dijonsenap
- Salta och peppra efter smak
- Färsk gräslök, hackad (för garnering)

INSTRUKTIONER:
a) I en skål, kombinera hackade hårdkokta ägg, majonnäs, dijonsenap, salt och peppar. Blanda väl.
b) Bred ut äggsalladsblandningen på hälften av brödskivorna.
c) Strö över hackad färsk gräslök.
d) Toppa med de återstående brödskivorna för att skapa minismörgåsar.
e) Putsa kanterna och skär i små fyrkanter eller rektanglar.

57. Mini rostbiff och pepparrotssmörgåsar

INGREDIENSER:
- 12 minisliderbullar eller små semlor
- 6 uns tunt skivad rostbiff
- 2 msk beredd pepparrotssås
- Ruccola blad

INSTRUKTIONER:
a) Bred ut ett tunt lager pepparrotssås på ena sidan av varje glidbulle.
b) Lägg några skivor rostbiff på den nedre halvan av bullarna.
c) Toppa med ruccolablad och sedan den övre halvan av bullarna för att skapa minimackor.

58. Mini vattenkrasse och rädisa smörgåsar

INGREDIENSER:
- 12 miniskivor fullkornsbröd eller små frallor
- Vattenkrasse blad
- Tunt skivade rädisor
- Färskost
- Citronskal

INSTRUKTIONER:
a) Bred ett lager färskost på hälften av brödskivorna.
b) Varva vattenkrasseblad och tunt skivade rädisor ovanpå.
c) Strö över citronskal.
d) Toppa med de återstående brödskivorna för att skapa minismörgåsar.

SCONES

59. Mimosa Scones

INGREDIENSER:
- 2 koppar universalmjöl
- ¼ kopp strösocker
- 1 msk bakpulver
- ½ tsk salt
- ½ kopp kallt osaltat smör, skuret i små tärningar
- ¼ kopp tung grädde
- ¼ kopp apelsinjuice
- ¼ kopp champagne eller mousserande vin
- 1 tsk apelsinskal
- ½ kopp torkade tranbär eller gyllene russin (valfritt)
- 1 stort ägg, vispat (för äggtvätt)
- Grovt socker att strö över

INSTRUKTIONER:
a) Värm ugnen till 400°F (200°C). Klä en plåt med bakplåtspapper.
b) I en stor skål, vispa ihop mjöl, socker, bakpulver och salt.
c) Tillsätt de kalla smörtärningarna till de torra ingredienserna och skär dem med en konditorfräs eller två knivar tills blandningen liknar grova smulor.
d) Blanda den tunga grädden, apelsinjuicen, champagnen och apelsinskalet i en separat skål.
e) Häll de våta ingredienserna i den torra blandningen och rör om tills det precis blandas. Tillsätt de torkade tranbären eller gyllene russinen om du använder dem.
f) För över degen på en mjölad yta och klappa den till en cirkel ca 1 tum tjock. Skär cirkeln i 8 klyftor.
g) Lägg sconesen på den förberedda plåten, pensla topparna med det uppvispade ägget och strö över grovt socker.
h) Grädda i den förvärmda ugnen i 15-18 minuter eller tills sconesen är gyllenbruna.
i) Låt sconesen svalna något innan servering.

60.Födelsedagstårta Scones

INGREDIENSER:
FÖR SCONES:
- 2 koppar universalmjöl
- ¼ kopp strösocker
- 2 tsk bakpulver
- ½ tsk salt
- ½ kopp osaltat smör, kallt och i tärningar
- ½ kopp kärnmjölk
- 1 tsk vaniljextrakt
- ¼ kopp färgglada strössel

FÖR GLASYREN:
- 1 kopp strösocker
- 2 msk mjölk
- ½ tesked vaniljextrakt
- Ytterligare strössel för garnering (valfritt)

INSTRUKTIONER:
a) Värm ugnen till 200°C (400°F) och klä en plåt med bakplåtspapper.
b) I en stor bunke, vispa ihop mjöl, strösocker, bakpulver och salt.
c) Tillsätt det kalla tärningssmöret till de torra ingredienserna. Använd en konditor eller fingrarna för att skära smöret i mjölblandningen tills det liknar grova smulor.
d) Vispa ihop kärnmjölken och vaniljextraktet i en separat skål.
e) Häll gradvis kärnmjölksblandningen i de torra ingredienserna, rör om tills den precis blandas.
f) Vik försiktigt in det färgglada strösseln, var försiktig så att du inte överblandar och tappar de livfulla färgerna.
g) Lägg över degen på en lätt mjölad yta. Forma den till en cirkel eller rektangel, cirka 1 tum tjock.
h) Skär degen i klyftor eller fyrkanter med hjälp av en vass kniv eller konditorivaror, beroende på vilken form och storlek du föredrar.
i) Lägg sconesen på den förberedda bakplåten, lämna lite utrymme mellan varje scones.
j) Grädda sconesen i den förvärmda ugnen i cirka 15-20 minuter, eller tills de är gyllenbruna och genomstekta.

k) Medan sconesen gräddas förbereder du glasyren. Vispa ihop strösocker, mjölk och vaniljextrakt i en bunke tills det är slätt och krämigt.
l) När sconesen är färdiggräddade tar du ut dem från ugnen och låter dem svalna på galler i några minuter.
m) Ringla glasyren över de varma sconesen, låt den droppa ner på sidorna.
n) Valfritt: Strö ytterligare färgglada strössel ovanpå glasyren för en extra festlig touch.
o) Låt glasyren stelna några minuter innan du serverar födelsedagstårtsconesen.

61. Cappuccino Scones

INGREDIENSER:
- 2 koppar universalmjöl
- ¼ kopp strösocker
- 2 matskedar snabbkaffegranulat
- 1 msk bakpulver
- ½ tsk salt
- ½ kopp kallt osaltat smör, i tärningar
- ½ kopp tung grädde
- ¼ kopp starkt bryggkaffe, kylt
- 1 tsk vaniljextrakt
- ½ kopp halvsöt chokladchips (valfritt)
- 1 ägg (för äggtvätt)
- Grovt socker (för strö, valfritt)

INSTRUKTIONER:
a) Värm ugnen till 400°F (200°C) och klä en plåt med bakplåtspapper.
b) Vispa ihop mjöl, strösocker, snabbkaffegranulat, bakpulver och salt i en stor bunke.
c) Tillsätt det kalla tärningssmöret till de torra ingredienserna. Använd en konditor eller fingrarna för att arbeta in smöret i den torra blandningen tills det liknar grova smulor.
d) I en separat skål, kombinera den tunga grädden, bryggkaffe och vaniljextrakt.
e) Häll de våta ingredienserna i den torra blandningen och rör om tills det precis blandas. Om så önskas, vänd ner de halvsöta chokladbitarna.
f) Vänd ut degen på en mjölad yta och knåda den försiktigt några gånger tills den går ihop.
g) Klappa degen till en cirkel ca 1 tum tjock. Skär cirkeln i 8 klyftor.
h) Lägg sconesen på den förberedda bakplåten. Vispa ägget och pensla det över toppen av sconesen. Strö över grovt socker, om du använder.
i) Grädda i den förvärmda ugnen i 15-18 minuter eller tills sconesen är gyllenbruna och en tandpetare som sticks in i mitten kommer ut ren.
j) Låt cappuccinosconesen svalna på galler innan servering.

62.Ingefära & vinbär Scones

INGREDIENSER:
- 1 ägg, uppvispat
- 3 msk farinsocker, packat
- 1 tsk rom eller romsmaksatt extrakt
- 1 tsk bakpulver
- 2 msk mjölk
- 1 kopp universalmjöl
- ¼ kopp smör, mjukat
- ¾ dl vinbär
- 2 msk kanderad ingefära, hackad

INSTRUKTIONER:
a) I en stor skål, blanda alla ingredienser tills de är väl blandade. Dela degen i 8 till 10 bollar; platta.
b) Ordna scones på osmorda plåtar.
c) Grädda i 350 grader i 15 minuter, eller tills de är gyllene.

63.Kanel Valnöt Scones

INGREDIENSER:
GARNERING:
- 2 matskedar granulär Splenda
- ½ tsk kanel

SCONES:
- 2 koppar bakmix
- 1 tsk bakpulver
- 1 tsk kanel
- ¼ kopp kallt osaltat smör, skuret i små bitar
- 2 uns kall färskost, skuren i små bitar
- ½ kopp valnötter, hackade (ca 2 uns)
- ⅓ kopp Carb Countdown mjölk eller tung grädde
- 1 ägg, uppvispat
- ¾ kopp granulär Splenda
- 1 tsk vaniljextrakt
- 1 msk tung grädde

INSTRUKTIONER:
a) Klä en plåt med bakplåtspapper eller nonstick bakpapper. Blanda toppingen i en liten skål
b) INGREDIENSER: granulär Splenda och kanel. Ställ denna blandning åt sidan.
c) I en medelstor skål, vispa bakpulvret och kanelen i bakblandningen.
d) Skär i det kalla smöret och färskosten tills blandningen liknar små ärter.
e) Tillsätt de hackade valnötterna i blandningen.
f) Blanda mjölken (eller grädden), uppvispat ägg, sötningsmedel (granulär Splenda eller flytande Splenda, beroende på ditt val) och vaniljextrakt i en separat skål.
g) Tillsätt den våta blandningen till den torra blandningen och rör bara tills degen går ihop. Degen blir kladdig.
h) Vänd ut degen på en yta lätt pudrad med Baking Mix. Pudra toppen av degen med Baking Mix och klappa den försiktigt till en 1-tums tjocklek.

i) Skär degen med en 2-tums kexfräs och lägg försiktigt sconesen på plåten. Klappa försiktigt ut resterna av deg och skär dem för att göra resterande scones.
j) Pensla toppen av sconesen med 1 matsked tung grädde.
k) Strö toppingsblandningen jämnt över alla scones.
l) Grädda i en förvärmd ugn på 400ºF i 12-15 minuter eller tills sconesen är gyllenbruna.
m) Servera sconesen varma och överväg att kombinera dem med smör, clotted cream eller mascarponeost. Mock Clotted Cream är också en underbar topping för dessa scones. Njut av!

64. Limoncello Scones

INGREDIENSER:
- 2 koppar universalmjöl
- ¼ kopp socker
- 2 tsk bakpulver
- ½ tsk salt
- ½ kopp kallt osaltat smör, skuret i små tärningar
- ½ kopp tung grädde
- ¼ kopp Limoncello likör
- Skal av 1 citron
- ½ kopp strösocker (för glasyr)
- 1 msk limoncello (för glasyr)

INSTRUKTIONER:
a) Värm ugnen till 400°F (200°C) och klä en plåt med bakplåtspapper.
b) I en stor skål, vispa ihop mjöl, socker, bakpulver och salt.
c) Tillsätt de kalla smörtärningarna i mjölblandningen och skär i den med en konditor eller fingrarna tills blandningen liknar grova smulor.
d) I en separat skål, kombinera den tunga grädden, Limoncello och citronskal.
e) Häll gräddblandningen i mjölblandningen och rör tills degen går ihop.
f) Lägg över degen på en lätt mjölad yta och knåda den försiktigt några gånger.
g) Klappa degen till en cirkel ca 1 tum tjock och skär den sedan i 8 klyftor.
h) Lägg sconesen på den förberedda plåten och grädda i 15-18 minuter eller tills de är gyllenbruna.
i) I en liten skål, vispa ihop strösocker och limoncello för att göra glasyren.
j) Ringla glasyren över de varma sconesen och låt dem svalna något innan servering.

65. Kaffescones med kanel

INGREDIENSER:
- 2 dl självjäsande mjöl
- 2 tsk kanel
- 6 matskedar socker
- ¾ kopp osaltat smör
- 2 ägg
- ¼ kopp starkt bryggt Folgers kaffe
- ¼ kopp mjölk
- ½ kopp gyllene russin
- ½ kopp hackade pekannötter
- Extra mjölk och socker till pålägg

INSTRUKTIONER:
a) Rör ihop mjöl, kanel och socker. Skär smöret i matskedsbitar och blanda ner i den torra blandningen.
b) Blanda ägg, kaffe och mjölk. Rör ner i den torra blandningen till en mjuk deg. Rör ner frukten och nötterna. Vänd ut på ett mjölat bord och klappa försiktigt till en degcirkel ca ½" tjock. Skär ut rundlar med en mjölad kexfräs och lägg dem på en smord plåt.
c) Pensla försiktigt toppar med mjölk och grädda i en förvärmd 400 F. ugn i 12-15 minuter eller tills de är gyllenbruna. Servera varm.

66.Kokos och ananas scones

INGREDIENSER:
SCONES:
- 2 koppar bakmix
- 1 tsk bakpulver
- ¼ kopp osaltat smör, fast, skuren i små bitar
- 2 uns färskost
- ½ kopp kokosnöt av ängeltyp
- ½ dl macadamianötter, hackade
- Sockerersättning till lika med ⅓ kopp socker
- ⅓ kopp Carb Countdown Dairy Beverage
- 1 stort ägg, uppvispat
- 1 tsk ananasextrakt
- 1 msk tjock grädde för tråckling

KOKOSNÖT AV ÄNGELTYP:
- ½ kopp osötad riven kokos
- 1 ½ matskedar. kokande vatten
- Sockerersättning till lika med 2 teskedar. av socker

INSTRUKTIONER:
KOKOSNÖT AV ÄNGELTYP:
a) Lägg kokos i en liten skål. Häll kokande vatten och sötningsmedel över och rör om tills kokosen är väl fuktad.
b) Lägg ett ark plastfolie över skålen och låt stå i 15 minuter.

SCONES:
c) Värm ugnen till 400 grader. Klä en plåt med bakplåtspapper.
d) I en medelstor skål, vispa en tesked bakpulver i Baking Mix.
e) Skär smör och färskost i Baking Mix tills blandningen liknar grova smulor. Rör ner kokos och macadamianötter.
f) Blanda mjölk, ägg, sockerersättning och ananasextrakt i en separat skål.
g) Tillsätt den våta blandningen till det torra och rör om tills en mjuk deg bildas (den blir klibbig).
h) Vänd ut degen på en yta lätt pudrad med Baking Mix.
i) Rulla försiktigt degen för att täcka den. Knåda lätt 10 gånger.
j) Klappa degen till en 7" cirkel på den bakplåtspapersklädda plåten. Om degen är för kladdig, täck den med en bit plastfolie och forma sedan en cirkel. Pensla toppen med grädde. Skär i 8 klyftor men gör inte separat.
k) Grädda i 15 till 20 minuter eller tills de är gyllenbruna. Ta bort från ugnen. Vänta 5 minuter, skär sedan försiktigt och separera kilarna längs skårlinjerna. Servera varm.

67.Pumpa Cranberry Scones

INGREDIENSER:
- 2 koppar bakmix
- 1 msk smör
- 2 paket Splenda
- ¾ kopp konserverad pumpa, kall
- 1 ägg, uppvispat
- 1 msk tung grädde
- ½ kopp färska tranbär, halverade

INSTRUKTIONER:
a) Värm ugnen till 425°F (220°C).
b) Skär smöret i bakblandningen.
c) Tillsätt Splenda (anpassa efter smak), konserverad pumpa, uppvispat ägg och tjock grädde till Baking Mix-blandningen. Blanda ingredienserna väl, men blanda inte för mycket.
d) Vänd försiktigt ner de halverade tranbären.
e) Forma degen till 10 bollar och lägg dem på en smörad plåt. Tryck försiktigt ner varje boll, jämna till ytterkanterna.
f) Om så önskas, pensla toppen av sconesen med extra kraftig kräm.
g) Grädda i mitten av den förvärmda ugnen i 10-15 minuter eller tills sconesen är gyllenbruna.
h) Servera de varma sconesen med smör och/eller vispad grädde.

68. Rosa lemonad scones

INGREDIENSER:
- 1 kopp tung grädde
- 1 kopp lemonad
- 6 droppar rosa matfärg
- 3 dl självjäsande mjöl
- 1 nypa salt
- sylt, att servera
- grädde, att servera

INSTRUKTIONER:
a) Värm ugnen till 450°F
b) Lägg alla ingredienser i en skål. Blanda lätt tills det blandas.
c) Skrapa på en mjölad yta.
d) Knåda lätt och forma degen till ca 1 cm tjock.
e) Använd sedan en rund fräs för att skära ut sconesen.
f) Lägg på en smord plåt och pensla topparna med lite mjölk.
g) Grädda i 10-15 minuter eller tills toppen fått färg.
h) Servera med sylt och grädde.

69. Smöriga Scones

INGREDIENSER:
- 1 kopp kärnmjölk
- 1 ägg
- 3 matskedar socker
- 3½ koppar oblekt vitt mjöl, delat
- 2 tsk bakpulver
- 1 tsk bakpulver
- ½ tsk salt
- ½ kopp smör, smält
- ½ kopp russin

INSTRUKTIONER:
a) Vispa kärnmjölk, ägg och socker tillsammans med en elektrisk mixer på medelhastighet. Sikta 3 koppar mjöl med bakpulver, bakpulver och salt.
b) Tillsätt ⅔ av mjölblandningen till kärnmjölksblandningen och rör om väl.
c) Tillsätt gradvis smält smör, rör om väl; tillsätt återstående mjölblandning.
d) Tillsätt russin och lite mer mjöl om det behövs. Knåda degen på mjölad yta 2 till 3 gånger.
e) Skär degen i 3 delar. Forma varje till en 1½-tums tjock cirkel och skär i fyra lika stora fjärdedelar. Lägg på en smord plåt. Grädda i 400 grader i 15 minuter, eller tills topparna är gyllene.

70. Passionsfrukt Scones

INGREDIENSER:

- 2 koppar universalmjöl
- ⅓ kopp socker
- 1 msk bakpulver
- ½ tsk salt
- ½ kopp osaltat smör, kylt och i tärningar
- ⅔ kopp passionsfruktmassa
- ½ kopp tung grädde

INSTRUKTIONER:

a) Värm ugnen till 400°F.
b) I en mixerskål, kombinera mjöl, socker, bakpulver och salt.
c) Tillsätt det kylda smöret och använd en konditormixer eller händerna för att skära smöret i de torra ingredienserna tills blandningen är smulig.
d) Tillsätt passionsfruktmassan och grädden, rör om tills degen går ihop.
e) Vänd ut degen på en mjölad yta och klappa den till en cirkel.
f) Skär degen i 8 klyftor
g) Lägg sconesen på en plåt klädd med bakplåtspapper.
h) Grädda i 18-20 minuter eller tills de är gyllenbruna.
i) Servera varm med smör och ytterligare passionsfruktsmassa.

71. Mint Scones

INGREDIENSER:
- 2 koppar universalmjöl
- ¼ kopp socker
- 1 msk bakpulver
- ¼ tesked salt
- ½ kopp osaltat smör, kallt och skär i små bitar
- ½ kopp hackade färska myntablad
- ⅔ kopp tung grädde
- 1 stort ägg
- 1 tsk vaniljextrakt

INSTRUKTIONER:
a) Värm ugnen till 400°F och klä en plåt med bakplåtspapper.
b) I en stor skål, vispa ihop mjöl, socker, bakpulver och salt.
c) Skär i smöret med en konditormixer eller fingrarna tills blandningen liknar grova smulor.
d) Rör ner de hackade myntabladen.
e) Vispa ihop grädden, ägget och vaniljextraktet i en separat skål.
f) Tillsätt de våta ingredienserna till de torra ingredienserna och rör tills blandningen går ihop till en deg.
g) Vänd ut degen på en lätt mjölad yta och knåda kort.
h) Klappa degen till en cirkel ca 1 tum tjock.
i) Skär cirkeln i 8 klyftor.
j) Lägg klyftorna på den förberedda bakplåten.
k) Grädda i 18-20 minuter, eller tills sconesen är lätt gyllenbruna och genomstekta.
l) Låt sconesen svalna några minuter innan servering.
m) Njut av!

72. Amaretto Cherry Scones

INGREDIENSER:
- 2 koppar universalmjöl
- ½ kopp socker
- 2 tsk bakpulver
- ½ tsk salt
- ½ kopp osaltat smör, kylt och i tärningar
- ½ kopp torkade körsbär, hackade
- ¼ kopp skivad mandel
- ¼ kopp amaretto
- ½ kopp tung grädde
- 1 ägg, uppvispat

INSTRUKTIONER:
a) Värm ugnen till 375°F.
b) I en stor skål, vispa ihop mjöl, socker, bakpulver och salt.
c) Använd en konditor eller fingrarna och skär smöret i de torra ingredienserna tills blandningen liknar grova smulor.
d) Rör ner de torkade körsbären och skivad mandel.
e) Vispa ihop amaretton, grädden och ägget i en separat skål.
f) Häll de blöta ingredienserna över de torra ingredienserna och rör om tills blandningen precis går ihop.
g) Vänd ut degen på en mjölad yta och knåda försiktigt tills den bildar en sammanhängande boll.
h) Klappa degen till en cirkel ca 1 tum tjock.
i) Skär cirkeln i 8 klyftor.
j) Lägg klyftorna på en bakplåtspappersklädd plåt.
k) Pensla topparna på sconesen med lite extra grädde.
l) Grädda i 20-25 minuter, tills de är gyllenbruna och genomstekta.
m) Servera varm med en klick amarettoglasyr (gjord på strösocker och amaretto).

73. Toblerone Scones

INGREDIENSER:
- 3 koppar + 2 msk mjöl
- ⅓ kopp socker + mer att strö över
- 1 msk bakpulver
- ½ hög tesked bakpulver
- ½ tsk salt
- 13 msk smör, kallt
- 1 kopp kärnmjölk
- 3½ uns Toblerone godisbit, hackad
- ½ kopp skivad mandel
- 2 msk smör, smält

INSTRUKTIONER:
a) Blanda mjöl, socker, bakpulver, bakpulver och salt i en stor skål.
b) Riv smöret i en separat skål med hjälp av de stora skårorna på ett rivjärn.
c) Häll ner det rivna smöret i de torra ingredienserna och blanda tills blandningen liknar grova smulor.
d) Tillsätt kärnmjölk och mixa tills det EXAKT blandas.
e) Vänd försiktigt ner den hackade tobleronen och mandeln.
f) Dela smeten i två. Ta varje halva och forma den till en liten cirkel, ca 7-ish inches.
g) Skär varje cirkel i 6 klyftor med en pizzaskärare eller vass kniv.
h) Pensla varje klyfta med lite smält smör och strö över socker.
i) Sätt in i ugnen uppvärmd till 425 i ca 13 minuter.

74.Yuzu Scones

INGREDIENSER:
SCONES
- 1⅓ koppar universalmjöl
- ¼ kopp ekologiskt rörsocker
- ¼ tesked salt
- ½ msk bakpulver
- ¼ kopp kallt smör
- 1 stort ägg
- 1 tsk yuzujuice
- ¼ till ½ kopp fransk vanilj halv och halv

GLASYR
- ½ kopp strösocker
- 2½ matskedar yuzujuice
- ½ matsked fransk vanilj halv och halv

INSTRUKTIONER:
a) Vispa ihop mjöl, socker, salt och bakpulver.
b) Tillsätt det kalla smöret till de vispade ingredienserna med en konditor.
c) Vispa ägget lätt i en annan skål. Vispa i yuzujuicen och hälften och hälften.
d) Tillsätt långsamt vätskan till de torra ingredienserna. Häll och rör i vätskan tills alla smuliga bitar har blivit fuktade. Målet är att ha en sammanhängande degboll.
e) Lägg bakplåtspapper ovanpå en plåt. Pudra degen och papperet med mjöl. Skjut degen på det förberedda bakplåten. Dela degen i sex högar.
f) Måla varje hög med lite halv-och-halva och/eller yuzu. Strö över rörsocker.
g) Ställ pannan i frysen i 30 minuter. Grädda sconesen i 425 grader i 22 till 23 minuter. Kyl i 5 till 10 minuter innan du ringlar med yuzu-glasyr.
h) För att göra glasyren: Vispa yuzu och hälften och hälften tillsammans med strösockret.

75.Pistage Scones

INGREDIENSER:
- 1½ dl mjöl
- ¼ koppar socker
- ¼ tesked salt
- 1 ½ tsk bakpulver
- 1 tsk citronskal
- 4 matskedar smör
- ⅓ kopp hackade, skalade pistagenötter
- 1 ägg, lätt uppvispat
- 2 msk mjölk

INSTRUKTIONER :
a) Värm ugnen till 425F.
b) Blanda mjöl, socker, salt, bakpulver och citronskal i en stor skål. Skär i smör tills blandningen liknar grova smulor. Blanda i pistagenötter.
c) Tillsätt ägg och mjölk, blanda tills det är fuktat.
d) Kavla ut till en ungefär ½ tum tjock rektangel. Skär i trianglar.
e) Lägg på en oinsmord plåt. Grädda i 12-15 min, tills de är gyllene.
f) Ta ut scones från ugnen och låt dem svalna på galler i 1-2 minuter innan de äts.

76.Havregryn kanelscones

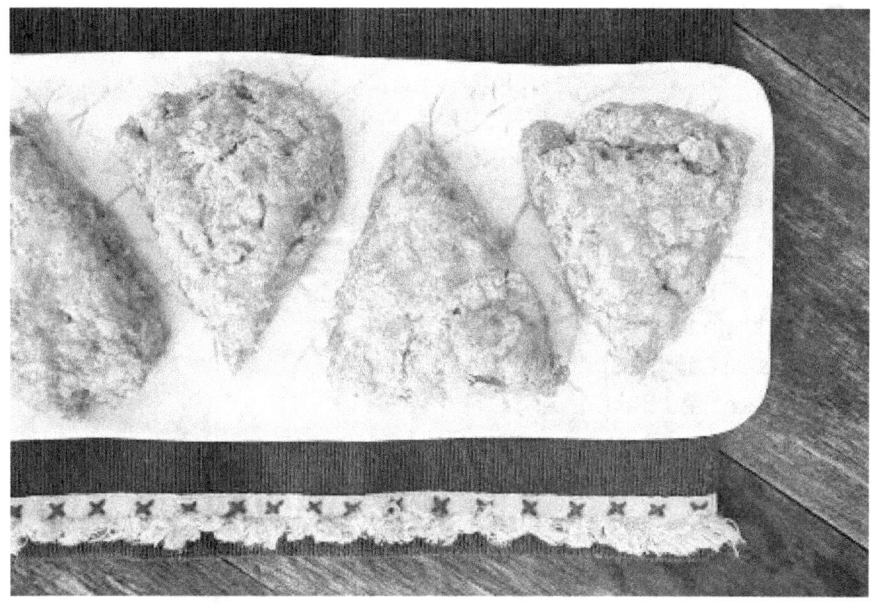

INGREDIENSER:
- ¼ kopp havregryn
- 1 tsk salt
- 1¾ kopp mjöl
- 6 matskedar smör, skuren i ½-tums kuber
- ¼ kopp socker
- 1 tsk kanel
- ½ kopp kärnmjölk ELLER:
- ½ kopp grädde ELLER:
- ½ kopp mjölk
- ¼ kopp Farinsocker, packat
- 1 stort ägg, vispat
- 1½ tesked Bakpulver
- 2 tsk vaniljextrakt
- 1 tsk bakpulver
- ⅛ tesked rivet apelsinskal

INSTRUKTIONER:
a) Placera gallret i mitten av ugnen och förvärm till 375 grader.
b) I en stor skål, sikta mjöl, sockerarter, bakpulver, bakpulver och salt. Tillsätt havregryn och blanda. Fördela smörtärningarna över mjölblandningen. Använd fingertopparna och gnugga snabbt in smörbitarna i mjölblandningen tills blandningen liknar en grov måltid.
c) I en medelstor skål, rör ihop kärnmjölk, ägg, vanilj och skal.
d) Tillsätt den flytande blandningen till mjölblandningen. Med en stor gummispatel, med så få drag som möjligt, rör försiktigt tills degen är fuktad och börjar klänga ihop. Hantera degen så lite som möjligt, rör om tills alla ingredienser är helt kombinerade.
e) Använd en ⅓-c. måttbägaren, släpp degen på en osmord bakplåt och lämna minst 1 tum mellan sconesen.
f) Grädda i 16 till 18 minuter, tills sconesen är gyllenbruna. Kyl sconesen på bakplåten inställd på galler i 5 minuter. Använd en mental spatel, överför sconesen till gallret och kyl dem helt.
g) Servera varma eller förvara helt kylda scones i en lufttät behållare i rumstemperatur.

77. Margarita Scones

INGREDIENSER:
- 2 dl mjöl
- ½ kopp socker
- 3 tsk bakpulver
- 1 tsk grovt salt
- ½ dl iskallt smör, skuret i små bitar
- 4 droppar limeolja
- 2 droppar citronolja
- ¼ kopp margarita mix
- ¼ kopp tung grädde
- 2 ägg

INSTRUKTIONER:
a) Blanda mjöl, socker, bakpulver och salt i en medelstor skål.
b) Skär i kallt smör med en konditor tills det liknar grova smulor.
c) Blanda Margaritamix och tung grädde med lime- och apelsinolja tillsammans med ägg.
d) Blanda de våta ingredienserna i de torra ingredienserna tills det precis är blandat.
e) Kavla ut degen på en lätt mjölad yta.
f) Skär degen i önskad form
g) Lägg scones på en bakplåtspapperskladd plåt
h) Grädda i 400 grader i 10 minuter.

78. Kokosmjölsscones med sockerglasyr

INGREDIENSER:
SMET:
- ¾ kopp kokosmjöl
- 6 matskedar tapiokastärkelse
- ½ kopp socker, kokossocker, lönnsocker eller erytritol
- 4 tsk bakpulver
- ½ tsk havssalt
- ½ kopp smör, kallt
- 3 stora ägg
- ½ kopp kokosmjölk eller tjock grädde
- 1 tsk vaniljextrakt
- 1 dl färska blåbär
- 1 msk smör eller kokosolja för att glasera smeten
- 2 matskedar socker eller erytritol att strö över

GLASYR:
- ½ kopp strösocker
- 1 msk färsk citronsaft eller köpt i butik

INSTRUKTIONER:
a) Blanda de torra ingredienserna, kokosmjöl, tapiokastärkelse, socker, bakpulver och salt i en stor skål.
b) Ta det kalla smöret och skär det i små tärningar. Tillsätt smöret till de torra ingredienserna och smula ner smöret med de torra ingredienserna med en gaffel eller en konditorimixer. Gör så här tills mjölet och smöret ser ut som små smulor. Det tar minst 5 minuter.
c) Placera sedan den här skålen med smulat smör och mjöl i frysen så att det inte smälter medan du arbetar med nästa steg.
d) I en medelstor skål, tillsätt äggen och vispa för att blanda.
e) Tillsätt kokosmjölk och vanilj till äggen och vispa ihop.
f) Häll de våta ingredienserna över det smulade smöret och använd en spatel och rör om tills det blandas. Smeten ska vara tillräckligt tjock för att hålla formen. Ge kokosmjölet minst en minut för att absorbera all vätska. Om smeten inte är tillräckligt tjock, tillsätt 1 msk kokosmjöl i taget i smeten tills den fått önskad tjocklek.
g) Tillsätt blåbären i smeten och rör om.

h) Klä en stor plåt med bakplåtspapper och lägg smeten på bakplåtspappret.
i) Använd dina händer eller en spatel forma smeten till en cirkel som är 8 tum bred och cirka 1 tum tjock.
j) Ställ plåten med smeten i frysen så att den stelnar. Frys i 30 minuter.
k) Värm ugnen till 400 ° F.
l) Ta ut ur frysen och skär i 8 klyftor.
m) Separera klyftorna så att de bakas som separata skivor.
n) Smält 1 matsked smör i mikrovågsugnen i en mikrovågssäker skål.
o) Pensla eller skeda smöret över varje klyfta. Strö över socker.
p) Grädda i 25 minuter eller tills kanterna är gyllene och topparna är fasta.
q) Kyl sconesen på ett galler.
r) För att göra glasyren, placera strösocker i en liten skål. Tillsätt citronsaft och rör om tills glasyren är sammansatt. Om du vill att glasyren ska vara tunnare, tillsätt mer citronsaft.
s) Ringla citronsaften över de avsvalnade sconesen och servera.

79. Ingefära & vinbär Scones

INGREDIENSER:
- 1 ägg, uppvispat
- 3 msk farinsocker, packat
- 1 tsk rom eller romsmaksatt extrakt
- 1 tsk bakpulver
- 2 msk mjölk
- 1 kopp universalmjöl
- ¼ kopp smör, mjukat
- ¾ dl vinbär
- 2 msk kanderad ingefära, hackad

INSTRUKTIONER:
d) I en stor skål, blanda alla ingredienser tills de är väl blandade. Dela degen i 8 till 10 bollar; platta.
e) Ordna scones på osmorda plåtar.
f) Grädda i 350 grader i 15 minuter, eller tills de är gyllene.

MINIATYRTÅRTOR

80.Körsbärskaffekaka

INGREDIENSER:
- 1¾ koppar kexbakblandning, uppdelad
- 1 ägg, uppvispat
- ½ kopp socker
- ¼ kopp mjölk
- ½ tsk vaniljextrakt
- ⅛ tesked salt
- 21-ounce burk körsbärspajfyllning, delvis avrunnen
- ½ kopp farinsocker, packat
- ⅓ koppar hackade valnötter
- ½ tsk kanel
- 3 msk smör, tärnat

INSTRUKTIONER:
a) Blanda 1½ dl bakblandning, ägg, socker, mjölk, vanilj och salt. Rör om tills det är slätt. Tryck ut blandningen i en lätt smord 8"x8" bakform.
b) Skeda pajfyllningen över blandningen i pannan.
c) Mixa den återstående bakblandningen, farinsocker, nötter, kanel och smör med hjälp av en konditorimixer eller gaffel tills det blir smuligt.
d) Strö över pajfyllningen.
e) Grädda i 375 grader i 30 minuter. Skär i rutor.

81.Mini Victoria sockerkaka

INGREDIENSER:
FÖR SVAMPEN:
- 2 ägg
- 100 g (cirka 3,5 uns) smör, mjukat
- 100 g (ca 3,5 uns) strösocker
- 100 g (ca 3,5 uns) självjäsande mjöl
- ½ tsk bakpulver
- ½ tesked vaniljextrakt

FÖR FYLLNING:
- Jordgubbs- eller hallonsylt
- Vispgrädde

INSTRUKTIONER:
a) Värm ugnen till 180°C (350°F). Smörj och fodra en mini cupcake eller tårtform.
b) Vispa smör och socker i en bunke tills det blir krämigt. Tillsätt äggen ett i taget, blanda väl efter varje tillsats. Rör ner vaniljextraktet.
c) Sikta i det självjäsande mjölet och bakpulvret och vänd sedan ner det i blandningen.
d) Häll upp smeten i minikakformen.
e) Grädda i ca 12-15 minuter eller tills kakorna är gyllene och spänstiga vid beröring.
f) När de har svalnat, skär varje minikaka på mitten horisontellt. Bred ut sylt och vispgrädde på ena halvan, och lägg den andra halvan ovanpå.
g) Pudra över strösocker och servera.

82.Mini citrondrickstårta

INGREDIENSER:
- 2 ägg
- 100 g (cirka 3,5 uns) smör, mjukat
- 100 g (ca 3,5 uns) strösocker
- 100 g (ca 3,5 uns) självjäsande mjöl
- Skal av 1 citron
- Saften av 1 citron
- 50 g (ca 1,75 ounces) strösocker

INSTRUKTIONER:
a) Värm ugnen till 180°C (350°F). Smörj och fodra en mini cupcake eller tårtform.
b) Vispa smör och strösocker i en bunke tills det blir krämigt. Tillsätt äggen ett i taget, blanda väl efter varje tillsats.
c) Sikta i det självjäsande mjölet och tillsätt citronskalet. Blanda tills det är väl blandat.
d) Häll smeten i minikakformen och grädda i ca 12-15 minuter eller tills kakorna är gyllene.
e) Medan kakorna gräddas, blanda citronsaft och strösocker för att få duggregn.
f) Så fort kakorna kommer ut ur ugnen, peta i dem med en gaffel eller tandpetare och ringla citron-sockerblandningen över dem.
g) Låt kakorna svalna innan servering.

83. Mini Choklad Éclairs

INGREDIENSER:
FÖR CHOUX-BAKET:
- 150 ml (cirka 5 uns) vatten
- 60 g (cirka 2 uns) smör
- 75 g (cirka 2,5 uns) vanligt mjöl
- 2 stora ägg

FÖR FYLLNING:
- 200 ml (cirka 7 uns) vispgrädde
- Chokladganache (gjord av smält choklad och grädde)

INSTRUKTIONER:
a) Värm ugnen till 200°C (390°F). Klä en plåt med bakplåtspapper.
b) Värm vattnet och smöret i en kastrull tills smöret smält. Ta bort från värmen och tillsätt mjölet. Rör om kraftigt tills det bildar en degboll.
c) Låt degen svalna något och vispa sedan i äggen ett i taget tills blandningen är slät och glansig.
d) Sked eller sprid ut chouxdegen på bakplåten i små éclair-former.
e) Grädda i ca 15-20 minuter eller tills de är uppblåsta och gyllene.
f) När svalnat, skär varje éclair på mitten horisontellt. Fyll med vispad grädde och ringla över chokladganache.

84.Mini kaffe valnötstårta

INGREDIENSER:
TILL TÅRAN:
- 2 ägg
- 100 g (cirka 3,5 uns) smör, mjukat
- 100 g (ca 3,5 uns) strösocker
- 100 g (ca 3,5 uns) självjäsande mjöl
- 1 msk snabbkaffe löst i 1 msk varmt vatten
- 50 g (ca 1,75 uns) hackade valnötter

FÖR GLASSEN:
- 100 g (ca 3,5 ounces) mjukat smör
- 200 g (ca 7 ounces) florsocker
- 1 msk snabbkaffe löst i 1 msk varmt vatten

INSTRUKTIONER:
a) Värm ugnen till 180°C (350°F). Smörj och fodra en mini cupcake eller tårtform.
b) Vispa smör och strösocker i en bunke tills det blir krämigt. Tillsätt äggen ett i taget, blanda väl efter varje tillsats.
c) Sikta i det självjäsande mjölet och tillsätt det lösta kaffet. Blanda tills det är väl blandat.
d) Rör ner de hackade valnötterna.
e) Häll smeten i minikakformen och grädda i ca 12-15 minuter eller tills kakorna är gyllene.
f) När kaffet har svalnat gör du glasyren genom att vispa ihop det mjuka smöret, florsockret och det lösta kaffet.
g) Isa minikakorna och garnera med extra hackade valnötter om så önskas.

85. Mini Afternoon Tea-kakor

INGREDIENSER:
FÖR TE-KAKARNA:
- 3 matskedar osötat kakaopulver
- 1 tsk bakpulver
- 1 kopp universalmjöl
- ½ kopp varmt vatten
- 1 tsk vaniljextrakt
- 3 matskedar osaltat smör, smält
- ⅓ kopp riven kokos
- 1 stort ägg
- ½ kopp gräddfil

FÖR GLASYREN:
- 1 msk osaltat smör
- 1 dl siktat konditorsocker
- 2 matskedar vatten
- ¼ tesked mald kanel
- ½ uns osötad choklad
- 1 tsk vaniljextrakt

INSTRUKTIONER:
FÖR TE-KAKARNA:
a) Värm ugnen till 375 grader F (190 grader C). Klä tolv 2½-tums muffinskoppar med pappersfoder.
b) I en liten skål, placera kakaopulvret och rör i ½ kopp mycket varmt kranvatten för att lösa upp kakaon.
c) I en stor skål, kombinera det smälta smöret och sockret. Vispa med en elektrisk mixer tills det är väl blandat.
d) Tillsätt ägget och vispa tills blandningen blir ljus och krämig, vilket bör ta cirka 1 till 2 minuter.
e) Häll i den lösta kakaoblandningen och vispa tills smeten är slät.
f) I en separat liten skål, rör ihop gräddfil och bakpulver. Blanda ner detta i smör-socker-kakaoblandningen.
g) Tillsätt allroundmjölet och vaniljextraktet och vispa snabbt tills ingredienserna är jämnt blandade. Rör ner den rivna kokosen.
h) Häll smeten i muffinsformarna, dela den jämnt mellan dem, fyll dem till ungefär tre fjärdedelar.

i) Grädda i cirka 20 minuter eller tills toppen av tekakorna fjädrar tillbaka vid lätt beröring och en tandpetare som sticks in i mitten kommer ut ren.

j) Ta bort tekakorna från muffinsformarna och låt dem svalna något på ett galler medan du förbereder glasyren.

FÖR CHOKLAD GLASYREN:

k) I en liten kastrull, kombinera smöret med 2 matskedar vatten. Placera den på låg värme, tillsätt den osötade chokladen och rör om tills chokladen smält och blandningen tjocknar något. Ta bort den från värmen.

l) Kombinera det siktade konditorsockret och malen kanel i en liten skål. Rör ner den smälta chokladblandningen och vaniljextraktet tills du får en slät glasyr.

m) Bred ut cirka 2 teskedar av chokladglasyren ovanpå varje varm tekaka och låt dem svalna ordentligt.

n) Dessa Afternoon Tea-kakor med sin kaneldoftande chokladglasyr är en härlig njutning att njuta av med ditt te.

86. Mini Morotskaka Bites

INGREDIENSER:
TILL TÅRAN:
- 2 ägg
- 100 g (ca 3,5 uns) vegetabilisk olja
- 125 g (cirka 4,5 ounce) farinsocker
- 150 g (ca 5,3 uns) rivna morötter
- 100 g (ca 3,5 uns) självjäsande mjöl
- ½ tsk mald kanel
- ½ tesked mald muskotnöt
- ½ tesked vaniljextrakt
- En näve russin (valfritt)

FÖR GREOSTFROSTNING:
- 100 g (ca 3,5 uns) färskost
- 50 g (ca 1,75 ounces) mjukat smör
- 200 g (ca 7 ounces) florsocker
- ½ tesked vaniljextrakt

INSTRUKTIONER:
a) Värm ugnen till 180°C (350°F). Smörj och fodra en mini cupcake eller tårtform.
b) Vispa ägg, vegetabilisk olja och farinsocker i en blandningsskål tills de är väl kombinerade.
c) Rör ner de rivna morötterna, det självjäsande mjölet, malen kanel, mald muskotnöt, vaniljextrakt och russin (om du använder).
d) Häll smeten i minikakformen och grädda i ca 12-15 minuter eller tills kakorna är fasta vid beröring och en tandpetare kommer ut ren när den sätts in.
e) När den har svalnat, gör cream cheese frostingen genom att vispa ihop cream cheese, mjukat smör, florsocker och vaniljextrakt.
f) Isa minimorotskakorna med cream cheese frostingen.

87. Mini Red Velvet Cakes

INGREDIENSER:
FÖR TÅRAN
- 2 ägg
- 100 g (cirka 3,5 uns) smör, mjukat
- 150 g (ca 5,3 ounces) strösocker
- 150 g (cirka 5,3 uns) universalmjöl
- 1 matsked osötat kakaopulver
- ½ tesked bakpulver
- ½ tesked vit vinäger
- ½ tesked vaniljextrakt
- Några droppar röd matfärg
- 125 ml (ca 4,2 ounces) kärnmjölk

FÖR GREOSTFROSTNING:
- 100 g (ca 3,5 uns) färskost
- 50 g (ca 1,75 ounces) mjukat smör
- 200 g (ca 7 ounces) florsocker
- ½ tesked vaniljextrakt

INSTRUKTIONER:
a) Värm ugnen till 180°C (350°F). Smörj och fodra en mini cupcake eller tårtform.
b) Vispa smör och strösocker i en bunke tills det är krämigt. Tillsätt äggen ett i taget, blanda väl efter varje tillsats.
c) Blanda mjöl och kakaopulver i en separat skål.
d) I en annan liten skål, kombinera kärnmjölken, vaniljextraktet och den röda matfärgen.
e) Tillsätt gradvis de torra ingredienserna och kärnmjölksblandningen till smör- och sockerblandningen, växla mellan de två, börja och sluta med de torra ingredienserna.
f) Blanda bakpulver och vit vinäger i en liten skål tills det brusar och vik sedan snabbt ner det i kaksmeten.
g) Häll smeten i minikakformen och grädda i ca 12-15 minuter eller tills kakorna är spänstiga vid beröring.
h) När den har svalnat, gör cream cheese frostingen genom att vispa ihop cream cheese, mjukat smör, florsocker och vaniljextrakt.
i) Isa mini röd sammet kakor med cream cheese frostingen.

CROISSANTER

88.Bröd & smör croissanter med Toblerone

INGREDIENSER:

- 1 dl hällgrädde
- 2 msk strösocker
- 1 tsk vaniljextrakt
- 100g Toblerone mjölkchoklad, delad i bitar
- 6 Coles Bakery Mini Croissanter
- 2 ägg
- 16 frysta hallon
- Florsocker, att pudra, valfritt

INSTRUKTIONER:

a) Värm ugnen till 180C/160C fläkt. Smörj fyra ugnsfasta formar på 250 ml.
b) Vispa grädde, strösocker, vanilj och ägg i en stor kanna.
c) Skär varje croissant på mitten horisontellt och sedan på mitten på tvären.
d) Lägg croissanterna i de färdiga rätterna.
e) Häll över äggblandningen och ställ åt sidan i 10 minuter för att blötläggas.
f) Lägg chokladen och hallonen ovanpå och mellan croissantskivorna.
g) Grädda i 25 minuter eller tills de är gyllene och stelnat. Pudra med florsocker om så önskas.

89. Toblerone croissanter

INGREDIENSER:
- 4 croissanter
- 125 g Philadelphia bredbar färskost
- 100g Toblerone mjölkchoklad, grovt hackad

INSTRUKTIONER:
- Skär croissanter horisontellt med en vass kniv. Fördela den nedre halvan av gifflarna med Philly.
- Strö över Toblerone. Stäng locket. Slå in croissanten i folie.
- Grädda i 150°C i 10 minuter eller tills den är genomvärmd.

90.Nutella och banancroissanter

INGREDIENSER:
- 1 ark smördeg, tinat
- ¼ kopp Nutella
- 1 banan, tunt skivad
- 1 ägg, uppvispat
- Pulversocker, för att pudra

INSTRUKTIONER:
a) Värm ugnen till 400°F (200°C).
b) På en lätt mjölad yta, kavla ut smördegsarket till en 12-tums fyrkant.
c) Skär kvadraten i 4 mindre rutor.
d) Bred ut en matsked Nutella på varje ruta, lämna en liten kant runt kanterna.
e) Lägg några skivor banan ovanpå Nutellaen.
f) Rulla ihop varje ruta från ett hörn till det motsatta hörnet, forma en croissantform.
g) Lägg croissanterna på en plåt med bakplåtspapper.
h) Pensla gifflarna med det uppvispade ägget.
i) Grädda i 15-20 minuter, tills gifflarna är gyllenbruna och uppblåsta.
j) Pudra över strösocker före servering.

91.S'mores croissanter

INGREDIENSER:
- 1 ark smördeg, tinat
- ¼ kopp Nutella
- ¼ kopp mini marshmallows
- ¼ kopp graham cracker smulor
- 1 ägg, uppvispat
- Pulversocker, för att pudra

INSTRUKTIONER:

a) Värm ugnen till den temperatur som anges på smördegsförpackningen. Vanligtvis är det runt 375°F (190°C).
b) På en lätt mjölad yta, vik ut det tinade smördegsarket och kavla ut det något för att jämna ut tjockleken.
c) Skär smördegen i trekanter med hjälp av en kniv eller pizzaskärare. Du bör få runt 6-8 trianglar, beroende på vilken storlek du föredrar.
d) Bred ut ett tunt lager Nutella på varje smördegstriangel, lämna en liten kant runt kanterna.
e) Strö grahamssmulor över Nutellalagret på varje triangel.
f) Lägg några minimarshmallows ovanpå grahamssmulorna, fördela dem jämnt över triangeln.
g) Börja från den bredare änden av varje triangel, rulla försiktigt upp degen mot den spetsiga änden, forma en croissantform. Se till att täta kanterna för att förhindra att fyllningen läcker ut.
h) Lägg de förberedda croissanterna på en plåt klädd med bakplåtspapper, lämna lite utrymme mellan dem för att expandera under gräddningen.
i) Pensla toppen av varje croissant med det uppvispade ägget, vilket ger dem en vacker gyllene färg när de gräddas.
j) Grädda S'mores Croissanterna i den förvärmda ugnen i cirka 15-18 minuter eller tills de blir gyllenbruna och uppblåsta.
k) När de är gräddade tar du ut croissanterna från ugnen och låter dem svalna något på galler.
l) Innan servering, pudra S'mores Croissanterna med strösocker, lägg till en touch av sötma och en attraktiv finish.
m) Njut av dina läckra hemgjorda S'mores croissanter som en förtjusande behandling till frukost, efterrätt eller när du är sugen på en härlig kombination av Nutella, marshmallows och grahams.

92.Frukost croissant smörgåsar

INGREDIENSER:
- 1 msk olivolja
- 4 stora ägg, lätt vispade
- Kosher salt och nymalen svartpeppar, efter smak
- 8 mini croissanter, halverade horisontellt
- 4 uns tunt skivad skinka
- 4 skivor cheddarost, halverad

INSTRUKTIONER:
a) Hetta upp olivoljan i en stor stekpanna på medelhög värme. Tillsätt äggen och koka, rör försiktigt med en silikon eller värmebeständig spatel, tills de precis börjar stelna; krydda med salt och peppar. Fortsätt koka tills det tjocknat och inget synligt flytande ägg finns kvar i 3 till 5 minuter.
b) Fyll croissanterna med ägg, skinka och ost för att göra 8 smörgåsar. Slå in tätt i plastfolie och frys i upp till 1 månad.
c) För att värma upp, ta bort plastfolien från en frusen smörgås och slå in den i en pappershandduk. Mikrovågsugn, vänd halvvägs, i 1 till 2 minuter, tills den är helt uppvärmd.

93.Klassisk croissant med bacon, ägg och ost

INGREDIENSER:
- 2 stora croissanter
- 4 skivor bacon
- 2 stora ägg
- 2 skivor cheddarost
- 2 msk osaltat smör
- Salta och peppra, efter smak

INSTRUKTIONER:
a) Värm ugnen till 350°F.
b) Stek baconet i en stekpanna på medelvärme tills det blir knaprigt. Ta ur pannan och låt rinna av på en plåt med hushållspapper.
c) Knäck äggen i en liten skål och vispa med en gaffel tills de är rörda.
d) Smält 1 matsked smör på medelhög värme i en non-stick stekpanna. Tillsätt äggen och koka, rör om då och då, tills de är rörda och genomstekta. Krydda med salt och peppar, efter smak.
e) Dela croissanterna på längden och lägg dem på en plåt.
f) Lägg till en skiva cheddarost till hälften av varje croissant.
g) Toppa osten med 2 skivor bacon och en skopa äggröra.
h) Stäng croissanten med den andra halvan och pensla topparna med resterande matsked smör.
i) Grädda i den förvärmda ugnen i 5-7 minuter, eller tills osten smält och gifflarna är genomvärmda.
j) Servera varm och njut av din läckra Bacon, Egg & Cheese Croissant!

94. Apelsin, mandelcroissant klibbiga bullar

INGREDIENSER:
FÖR FYLLNING AV KLIBBIG BUL:
- ½ kopp osaltat smör, mjukat
- ½ kopp strösocker
- ½ kopp ljust farinsocker
- ¼ kopp honung
- ½ tsk salt
- 1 tsk vaniljextrakt
- ½ tesked mandelextrakt
- ½ kopp skivad mandel
- 2 msk apelsinskal

FÖR CROISSANTDEGEN:
- 1 pund croissantdeg
- Mjöl för att pudra

INSTRUKTIONER:
a) Värm ugnen till 375°F.
b) Vispa det mjuka smöret, strösockret, ljust farinsocker, honung, salt, vaniljextrakt och mandelextrakt i en medelstor skål tills det är slätt.
c) Rör ner den skivade mandeln och apelsinskalet.
d) På en lätt mjölad yta, kavla ut croissantdegen till en stor rektangel, cirka ¼ tum tjock.
e) Fördela den klibbiga bullfyllningen jämnt över croissantdegen.
f) Börja från långsidan, rulla ihop degen hårt till en stock.
g) Skiva stocken i 12 jämna bitar med en vass kniv.
h) Placera bitarna, med den skurna sidan uppåt, i en smord 9-tums fyrkantig ugnsform.
i) Grädda i 25-30 minuter, eller tills bullarna är gyllenbruna och fyllningen bubblig.
j) Ta ut ur ugnen och låt svalna i 5-10 minuter.
k) Vänd upp de klibbiga bullarna på ett stort serveringsfat.
l) Servera varm och njut av dina läckra apelsinmandelcroissant-sticky bullar!

95. Pistagecroissanter

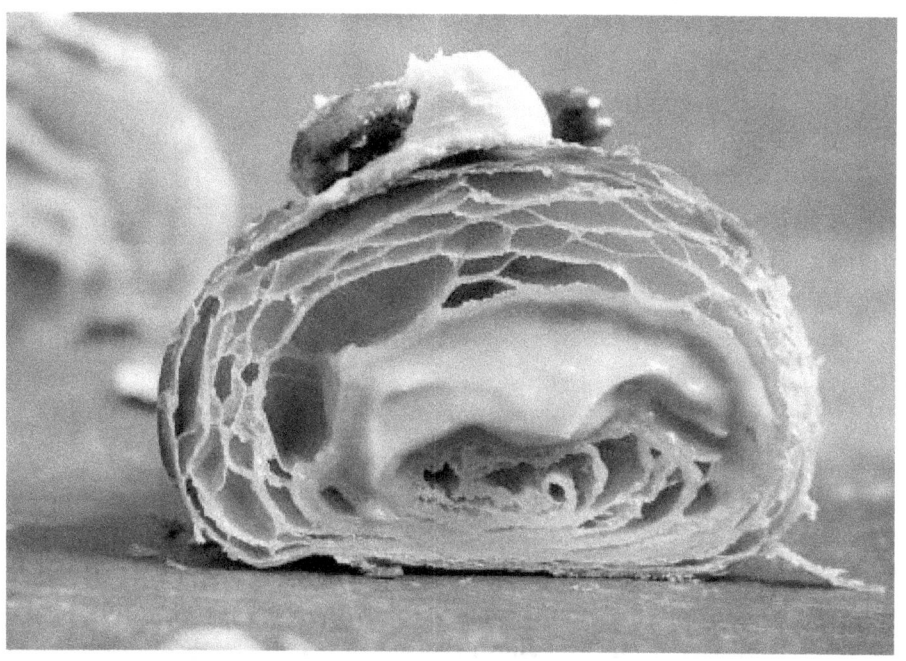

INGREDIENSER:
- Grundläggande croissantdeg
- 1 dl pistagenötter, hackade
- ¼ kopp strösocker
- ¼ kopp osaltat smör, mjukat
- 1 ägg vispat med 1 msk vatten

INSTRUKTIONER:
a) Kavla ut croissantdegen till en stor rektangel.
b) Skär degen i trianglar.
c) Kombinera hackade pistagenötter, socker och mjukt smör i en mixerskål.
d) Bred ut pistageblandningen på den nedre halvan av varje croissant.
e) Sätt tillbaka den övre halvan av croissanten och tryck ner försiktigt.
f) Lägg croissanterna på en bakplåtspappersklädd plåt, pensla med äggtvätt och låt jäsa i 1 timme.
g) Värm ugnen till 400°F (200°C) och grädda croissanterna i 20-25 minuter tills de är gyllenbruna.

96.Hasselnötschokladcroissanter

INGREDIENSER:
- Grundläggande croissantdeg
- ½ kopp hasselnötter, hackade
- ½ kopp chokladchips
- ¼ kopp strösocker
- ¼ kopp osaltat smör, mjukat
- 1 ägg vispat med 1 msk vatten

INSTRUKTIONER:
a) Kavla ut croissantdegen till en stor rektangel.
b) Skär degen i trianglar.
c) Blanda hackade hasselnötter, chokladchips, socker och mjukt smör i en mixerskål.
d) Bred ut hasselnötschokladblandningen på den nedre halvan av varje croissant.
e) Sätt tillbaka den övre halvan av croissanten och tryck ner försiktigt.
f) Lägg croissanterna på en bakplåtspappersklädd plåt, pensla med äggtvätt och låt jäsa i 1 timme.
g) Värm ugnen till 400°F (200°C) och grädda croissanterna i 20-25 minuter tills de är gyllenbruna.

97. Halloncroissanter

INGREDIENSER:
- Grundläggande croissantdeg
- 1 kopp färska hallon
- ¼ kopp strösocker
- 1 ägg vispat med 1 msk vatten

INSTRUKTIONER:
a) Kavla ut croissantdegen till en stor rektangel.
b) Skär degen i trianglar.
c) Lägg färska hallon på varje croissant.
d) Strö strösocker över hallonen.
e) Rulla ihop varje triangel, börja från den breda änden, och forma den till en halvmåne.
f) Lägg croissanterna på en bakplåtspappersklädd plåt och låt jäsa i 1 timme.
g) Värm ugnen till 400°F (200°C) och grädda croissanterna i 20-25 minuter tills de är gyllenbruna.

98.Persika croissanter

INGREDIENSER:
- Grundläggande croissantdeg
- 2 mogna persikor, skalade och tärnade
- ¼ kopp strösocker
- ½ tsk mald kanel
- 1 ägg vispat med 1 msk vatten

INSTRUKTIONER:
a) Kavla ut croissantdegen till en stor rektangel.
b) Blanda tärnade persikor, socker och kanel i en liten skål.
c) Fördela persikoblandningen jämnt över degens yta.
d) Skär degen i trianglar.
e) Rulla ihop varje triangel till en croissantform.
f) Lägg croissanterna på en bakplåtspappersklädd plåt, pensla med äggtvätt och låt jäsa i 1 timme.
g) Värm ugnen till 400°F (200°C) och grädda croissanterna i 20-25 minuter tills de är gyllenbruna.

99.Chokladtäckta jordgubbscroissanter

INGREDIENSER:
- 6 croissanter
- ½ dl jordgubbssylt
- ½ kopp halvsöt chokladchips
- 1 msk osaltat smör
- ¼ kopp tung grädde
- Färska jordgubbar, skivade (valfritt)

INSTRUKTIONER:
a) Värm ugnen till 375°F.
b) Dela varje croissant på mitten på längden.
c) Bred ut 1-2 matskedar jordgubbssylt på den nedre halvan av varje croissant.
d) Sätt tillbaka den övre halvan av varje croissant och lägg dem på en plåt.
e) Grädda i 10-12 minuter, eller tills gifflarna är lätt gyllenbruna.
f) Smält chokladbitarna, smöret och grädden i en liten kastrull på låg värme, under konstant omrörning, tills den är slät.
g) Ta ut croissanterna ur ugnen och låt dem svalna i några minuter.
h) Doppa toppen av varje croissant i chokladblandningen, låt överskottet droppa av.
i) Lägg de chokladtäckta giffeln på ett galler för att svalna och stelna.
j) Valfritt: Toppa med färska jordgubbsskivor före servering.

100. Pepparkakscroissanter

INGREDIENSER:
- Grundläggande croissantdeg
- 2 tsk mald ingefära
- 1 tsk mald kanel
- ¼ tesked mald kryddnejlika
- ¼ tesked mald muskotnöt
- ½ kopp osaltat smör, smält
- ¼ kopp melass
- 1 ägg vispat med 1 msk vatten

INSTRUKTIONER:
a) Kavla ut croissantdegen till en stor rektangel.
b) Blanda den malda ingefäran, malen kanel, mald kryddnejlika, mald muskotnöt, smält smör och melass i en liten skål.
c) Pensla pepparkaksblandningen på ytan av degen.
d) Skär degen i trianglar.
e) Rulla ihop varje triangel till en croissantform.
f) Lägg croissanterna på en bakplåtspappersklädd plåt, pensla med äggtvätt och låt jäsa i 1 timme.
g) Värm ugnen till 400°F (200°C) och grädda croissanterna i 20-25 minuter tills de är gyllenbruna.

SLUTSATS

När vi kommer till slutet av "DEN ULTIMAMA KOOKBOKEN FÖR MORGONSLAG", hoppas vi att du har njutit av att utforska det stora utbudet av recept och upptäcka nya favoriter att lägga till din morgonrutin. Oavsett om du föredrar söta eller salta godsaker, finns det något för alla på dessa sidor.

Vi uppmuntrar dig att experimentera med olika smaker, ingredienser och tekniker för att göra dessa recept till dina egna. När allt kommer omkring handlar matlagning lika mycket om kreativitet och utforskande som om att följa instruktioner. Så var inte rädd för att sätta din egen snurr på dessa recept och skräddarsy dem för att passa dina smakpreferenser.

När du fortsätter din kulinariska resa hoppas vi att du kommer att uppskatta stunderna i köket, dofterna som fyller ditt hem och glädjen att dela utsökt mat med dem du älskar. Kom ihåg att morgonen är en tid för förnyelse och näring, och det finns inget bättre sätt att börja dagen på än med en hemlagad godbit gjord med kärlek.

Tack för att du följde med oss på detta läckra äventyr. Må dina morgnar vara fyllda av värme, skratt och, naturligtvis, massor av aptitretande godsaker. Glad bakning!

www.ingramcontent.com/pod-product-compliance
Lightning Source LLC
Chambersburg PA
CBHW070350120526
44590CB00014B/1079